最后的狂欢系列

指の値段

寻找纯爱

渡边淳一 著

侯为 译

青岛出版社
QINGDAO PUBLISHING HOUSE

目录

二位现状如何 / 001

丈夫的回家时间 / 006

虐待战俘得到了什么 / 011

曾我女士的吻 / 016

幼稚的少爷 / 021

上海纪行 / 026

"卡哇伊"的内侧 / 036

《在世界中心呼唤爱》读后感 / 041

手指的价格 / 047

都是"勇浚大人的孩子"？ / 052

"冬恋"追剧测试 / 057

究竟不适应什么 / 062

奥林匹克疲劳 / 067

虽然明白这是批评布什 / 072

何为婚外恋 / 077

"野分"季节 / 082

异邦人增殖 / 088

败胜犬 / 093

乳癌治疗最前线 / 098

向"黑四"学习 / 103

有白有黑没有灰 / 108

推杆过猛像女人 / 113

优太的生还 / 118

笨嘴拙舌 / 123

演播厅公园 / 129

被杀害的父母们 / 134

大妈造反 / 139

出轨会遗传吗 / 144

患者也可发起抵制就诊运动 / 149

医疗现场的资本主义 / 153

"羞耻心"文化 / 158

不必为"政冷经热"慌乱 / 162

何为"纯爱" / 164

婚外情就是"纯爱" / 169

既然不能住山里 / 174

要想治好感冒 / 179

医生与军队 / 184

春之雪 / 189

阿尔及利亚不能去了 / 194

由"卫洗丽"想到的 / 198

口罩美女 / 202

再婚万岁 / 207

不需要婴语翻译机 / 211

后　记 / 215

二位现状如何

雅子妃殿下的病情如何？贵体不适的原因是什么？

对于这方面的情况，此前已有形形色色的人发表了各种各样的意见。乍看似乎说得有理，但真的确有其事吗？

我个人认为那些意见都不正确。

这波轰动的特征就是，所有相关言论都是根据臆测所写。

谁都不了解宫内厅和东宫的实情。由于都是在不知实情的状况中编写报道并加以点评，所以只能是臆测在肆意蔓延。

一般来讲，在发生这种轰动时，媒体都会直接采访当事者本人及其家属。而且，周围人士也会发表个人看法，事实真相就会显现端倪。

然而，在并非被铁面罩而是被宫内厅的帷幕笼罩的现状下，根本无从知晓内部情况。

由于无从了解真实情况,所以只能任由人们想象和猜测。如此下去,当事人雅子妃殿下自不必说,就连皇太子都会焦灼不安、心生不满吧?

或许二位真心都想呐喊——不要再随意猜测了!适可而止吧!

但是,皇室家族不能呐喊。他们背负着必须平等温和地对待全体国民的、极度困难的职责,所以只能保持缄默。在这种状态中,雅子妃殿下病情难以好转也不足为怪。

那么,雅子妃殿下的真实病情如何呢?我虽然说别人都是臆测,但自己也只能臆测——恐怕实际情况就是尚未完全恢复。

因为宫内厅也曾说过并非身体方面的不适,所以应该就是精神方面的病症。

这种情况首先能够考虑到的就是抑郁症。从专业的角度来讲,要么是因持续精神压力导致的神经衰弱症,要么是苦于深陷已知毫无意义的强迫观念的强迫神经症等。

如此说来,因为明显属于心病,所以估计不会那么简单治愈。根据情况来看,或许有可能需要长期服药治疗。

虽说如此,雅子妃殿下为什么会深陷如此严重的状态中呢?

对于其原因,几乎所有的媒体都连日报道说,由于宫内厅的陈腐守旧、东宫管理方的能力不足以及因生育继承人问题产生精神压力等等。原因真的只有这些吗?

如果只有这些原因的话,那么问题应该能够得到一定程度上的解决。即使不能彻底解决,但也应该比以前透明度更高。而且,如果东宫管理方有问题的话,还可以进行人事调整。另外,虽说生育继承人的问题会带来精神压力,但因为国民中多数都希望女天皇诞生,所以也没必要过度在意。

媒体已经如此沸沸扬扬,可东宫内部和宫内厅却仍不积极应对,继续三缄其口。从这一点来看,恐怕是隐藏着其他某种问题。

那就可能不是单纯的墨守成规或周围人们的问题,而是更加根本性的、与皇太子和雅子妃二人有关的问题了吧?

以下完全是我的推测,如果有人说"你错了",我只能说"你正确"。而如果有人说"你太失礼",我也只好道歉说"请原谅"。

我觉得可能是二位在想法和感受上产生了分歧。

或许有不少人会气愤地说,那二位之间怎么会产生分歧呢?然而,男女之间的事情可是非同寻常。它与家庭门第、成长环境乃至知性教养并无紧密的因果关系。

这是无法用道理讲清楚的感性世界,因此,只要有一点分歧就会被无限地放大。而且,越是纯洁的女性,遭受挫折时与伴侣的分歧就越是难以弥合。

当然,二位毫无疑问是因为相爱而走到了一起。特别是雅子妃殿下,她接受这桩婚事前无疑是经过了深思熟虑。

然而,在婚后的10年间,婚前的想法与现实有了差距,各种焦虑和精神压力渐渐地侵蚀了二人的感情。

而且,现在皇太子越是坚决表示要体贴地呵护雅子妃殿下,她就越是容易感到痛苦和郁闷。

我这样推测的依据,是雅子妃殿下为了静养,曾在3月末到4月末去轻井泽的小和田家别墅住过一个月。

在此期间,皇太子也曾于3月末和4月中旬前往探望。但是,第二次虽然历时4天,却从未在别墅住宿,而是返回了酒店。

如果雅子妃殿下真想得到皇太子抚慰的话,是不是应该有其他的生活方式呢?

我再次声明,以上只不过是我个人的臆测而已。

不过,有一点是明确的,夫妻之间感情不和在平民中间纯属常事,可以说永无穷尽。大多数人都会想方设法克服这类问题,有时能够获得成功,有时会以失败告终。无论身份地位如何都会发生这类问题,事实上连英国王室也是如此。

像这类绝大多数人都会遇到的问题,在日本皇室中发生也没什么不可思议的。

如果真的发生了这类问题,那正是一种《人间宣言》,是向皇室中吹入了新风。

不管怎么说,像正常人一样生存就是注重自然的感情。以这样的心态生存下去,有时爱情也会动摇。

即使万一二位的心态有所动摇,那也没什么不自然。大多数人一定都能坦率地接受那样的事实,并且予以理解。

我觉得,雅子妃殿下如果知道很多国民都这样想的话,心情也一定会变得轻松愉快,也能很快地恢复健康。

丈夫的回家时间

前不久我出版了《丈夫这东西》一书,随之收到很多谈感想和咨询问题的信件。其中有一项就是关于丈夫的"抵制回家症"。

丈夫为什么抵制回家呢?我在书中对其心理因素做出了相关分析,但有一点遗憾,就是没有关于丈夫回家时间的调查统计数据。我也想过若有这项数据会更具说服力,时至今日,我才发现相关资料。

森永乳业发布了一项关于"丈夫参与育儿与妻子的满意度"的调查数据,其中收集了来自家有零岁婴儿的母亲的答卷。

此项调查显示,丈夫回家时间在晚上7点或8点的最多,占总体的32%。

从上班时间来看,他们在5点或6点下班后,不会再去别处,而是径直回家,即所谓的"优良丈夫"。

第二位是在9点到10点之间回家的丈夫们,约占17%。他们也是因为加班而晚归,或者即使有聚会也只是跟同事小酌几杯,可以算得上"准优良丈夫"吧?

不过,令人吃惊的是,还有比这些"优良丈夫"和"准优良丈夫"回家更早的"超优良丈夫"。他们会在6点多回家,占17%之多!

难道这些丈夫们都不加班吗?他们是那种"就近上班族"吗?不管是哪种情况,近半数的丈夫都会在9点钟之前回到家里。

当然,由于他们家里有小孩,所以情况或许与中老年丈夫们有所不同。但据此也可看出,年轻丈夫们大多都出乎意料地规矩。

但另有多达15%的年轻丈夫在11点到12点多回家,因此还不能轻易地表示赞叹。

不过,这并不是最令人惊讶的情况,因为还有17%的丈夫"回家时间不确定"。

所谓"不确定",就是指没有规律性,可能就是既有早归也有晚归吧。让妻子说,就是丈夫回家时间没个准儿,完全不能预测。

可是，俗话说"天外有天"，居然还有2%的丈夫"情况不明"！

这是指回家时间不明，还是指去向不明呢？由此看来，有些妻子不仅不期待丈夫回家，说不定会觉得丈夫不在更好。

看到以上记述，有些丈夫会感到放心，有些丈夫会感到触目惊心吧？

不管是哪种情况，这项调查结果都让人颇感兴趣。但令人惋惜的是，目前尚未了解稍稍年长的、从40岁到55岁的丈夫们的回家时间。

如果调查范围扩大到这个年龄层会怎样呢？

首先能够想到的，就是40岁到55岁正是所谓工作全盛期，也是外遇全盛期，所以回家时间可能比前项调查晚得多。

不过，因为随着社会高龄化发展，再加上中老年人体力开始衰弱，所以估计早归的丈夫也会逐年增多。

这种晚归族与早归族形成的两极分化，或许就是这个年龄层的特征。

"抵制回家症"在四五十岁的年龄层中较为多见，但抵制回家并非不回家。他们只是需要将抵制姿态作为回家的一项仪式，由于最终还是要回家，因此也可以说，他们只是与妻子闹别扭撒娇而已。

总而言之,由于在这项调查中丈夫的回家时间都由妻子提供,所以很有价值。如果是丈夫提供的回答就毫无意义了。

人们一般倾向于把下班早归的丈夫看成好丈夫,而把晚归的丈夫看成坏丈夫。不过,并非只要早归就好。

那还是在10年以前,我认识一对A姓夫妻,丈夫是高中教师。

有一天,他的夫人突然来找我说:"我想跟丈夫分手!"

我觉得她丈夫A君是个规矩男人,于是问夫人:"为什么?"

她稍稍犹豫之后一鼓作气道出原因:"那人每天一到晚上6点就准时回来!"

我一时感到她太任性了,但再次看到她那冷漠的表情就似乎明白是怎么回事了。

她是一位专职主妇,傍晚在准备做晚饭时一看表——恰好6点钟。就在这个瞬间,玄关的电子门铃响起。她开门一看,与早上出门时完全相同姿态的那个男人又站在自己面前。

当然,作为丈夫这也许是应该得到褒奖的表现。但是,夫人此时却或许想大喊"你又这么早回来了""你能不能错开点儿时间"。可是,他今天照旧准时6点钟到家。

虽然，局外人听到这些可能觉得这位丈夫挺规矩、真不错，但仔细想想，又觉得跟这种丈夫一起生活的妻子难免焦虑厌烦。

以下是我的想象：跟如此刻板的男人度过夜晚实在无聊憋屈，说不定性生活开始的时间也是固定的，体位姿势也是天天相同。

如此看来，这位妻子想与丈夫分手的心情也并非不能理解。

事实上，这对夫妻在半年之后就分手了。而一直规规矩矩的丈夫，直到现在都不明白自己为什么遭到嫌弃。

这个实例也说明：规规矩矩地早早回家未必就好，但回家太晚也不行。这种事情每家各不相同，而无法用道理判明是非也正是做夫妻充满变数的难点。

虐待战俘得到了什么

如果有人问我"你喜欢美国吗",目前我只能回答"不太喜欢"。

理由很简单——它干预伊拉克的方式过于粗暴和卑劣。

不过,倒也不至于"十分厌恶"。这就是我的真实感受。

日本人厌恶美国并非从现在刚刚开始。第二次世界大战时期,它以压倒性实力攻占日本,最后竟投下原子弹夺去众多日本人的生命,所以当然可憎。

但是,日本战败后,美军进驻日本,某种意义上促进了日本的战后复兴。

与此同时,日本人迅速地适应了美国人,并开始亲近美国。

那时的日本人既感到释然又非常好奇,觉得"美国也不是很坏"。

后来,美国将施政权力交还日本,在快速发展文化交流的同时,一举提升了日本人对美国的好感,开启了日本喜欢美国的时代。

这可以算是美国战后统治占领国的成功实例,在全世界亦属罕见。其最大的原因,就是日美之间没有像美国和阿拉伯各国之间那种宗教性的对立。

尽管日本人因此而迅速亲近美国,但美国发动侵越战争曾一度阻碍了这种风潮的发展。

美国貌似世界警察,目空一切地干预别国事务,肆意妄为,使日本人的憎恶感迅速增强。这个时期,日本人厌恶美国的情绪急剧高涨。

"越南和平联合会"就是此时的反美力量之一。从此以后,对美国的批评就在文化人中扎根,甚至成了知识分子的时尚并延续至今。

而现如今,几乎所有的日本人开口就批评美国,好像不管大事小事,只要批评美国就显得特别酷。

实际上,布什政权向中东派遣军队是为了显示其强大的实力。但是,欠账总得偿还,军事干预的恶果现如今已开始动摇其政权本身了。

俗话说"骄纵者必不长久"。最近,这种过于得意忘形的举动又有了新的升级——美军被揭露虐待伊拉克战俘。

很多视频和记录都呈现了现场实况,但这方面的事实怎么会公之于众呢?

最初是美国的CBS(哥伦比亚广播公司)在4月28日播放了相关影像资料。有关得到那些视频的前后经过,CBS表示不能公开说明。但驻伊美军金米特已经证明,那些照片拍摄于去年的11月到12月之间。

此外,据其他媒体报道,在伊拉克阿布格莱布监狱执勤的某美军士兵拍摄了那些照片,并作为监狱看守和审讯官虐囚的证据在今年1月提交给上级。

此外,据5月2日的《纽约时报》报道,当时担任该监狱总指挥的卡尔平斯基提供证词说,虽然她本人并未参与虐囚,但在丑闻曝光之后被解除了职务。而CIA(美国中央情报局)的人则曾日夜自由出入发生虐囚事件的房间。

另外,在2月下旬,美军制作了长达53页的调查报告书,由美国的周刊杂志《纽约人》在5月2日进行了报道。

据称,此报告书在驻伊美军司令桑切斯的指示下由塔格巴少将制作完成,表明为了迫使伊拉克人招供,陆军情报机构的军官和CIA的负责人曾鼓励士兵们虐囚。

实际上，某美军士兵提供证言称：是那些军官和CIA的负责人做出了相关指示。而另一名士兵在犯罪调查局询问情况时宣誓供述称：他是按照军队情报机构的相关指示做出虐囚行为的。

毋庸赘言，此后经过已被包括日本在内的全世界媒体报道，并掀起了反美大合唱。

这一系列报道令我惊讶并感叹的是，美军如此重大的机密或应该说是恶劣行径，居然被彻底地暴露在光天化日之下。

在美军的行动中，确实再没有比这更令世人气愤和厌恶的事件了。但是，将那可耻的行径历历在目地向全世界暴露出去真的可以吗？

当然可以。虽说如此，那种暴露方式实在是堂而皇之、满不在乎。

毋庸置疑，许多政权的当权者都会隐瞒自己不可公开的阴暗面。例如在过去那些独裁政权的背后，也存在着无数此类卑劣而血腥的暴行，最后都被埋葬在黑暗之中。

但是，此次驻伊美军那种卑劣行径却被暴露无遗。

坦白地讲，我对这种举动深感意外并由衷感叹："美国还没有落到一无是处的境地！"

在美军中,确实存在着无数凶恶残虐的败类。不过,也还有正义之魂和人道主义者。

此外,还有果敢地进行报道的媒体人,时事报道并未沦落。

明白这种自净作用的存在并有机会实际体验,真是收获巨大。

此时我忽然想到,美国是世界强国之一,肆无忌惮地耀武扬威的同时,也有点缺心眼儿、傻乎乎的。虽然自命不凡,却总是破绽百出,东窗事发后慌忙向全世界辩解。从某种意义上讲,这既显得滑稽可笑又有人情味。

此次事件所带来的唯一益处,就是人们看到了隐藏在美国傲慢自大背后的一本正经。

虽说如此,假设此事发生在日本……正因为处在事事隐瞒特质较强的体制之下,恐怕就不能与己无关似的一笑了之了吧?

曾我女士的吻

曾我瞳女士终于能和家人团聚了。

时间为7月9日,地点在印度尼西亚首都雅加达郊外的机场。

与曾我女士分离两年后,她的丈夫詹金斯先生、女儿美花和布琳达乘坐的飞机抵达此地,随后沿着舷梯走下来。

站在舷梯旁注视着他们的曾我女士,在詹金斯先生踏到地面的瞬间,突然上前来了个熊抱,并奋力将嘴唇紧紧地贴上去。

那种拥抱的态势确实只能用熊抱来形容。

看上去,体格较大的曾我女士就像是把瘦弱的詹金斯先生一把搂在怀里,并热烈地亲吻。

詹金斯先生一时惊愕而困惑,像是稍稍退避了一下。而曾我女士依然紧紧地贴着他纹丝不动。

这确实堪称"世纪之吻",堪称日本女性完胜亲吻美国男性的一瞬间。

看到这一幕,有的人目瞪口呆,有的人觉得特别酷,有的人很感动,有的人认为做得过了头,有的人觉得很不成体统——看法因人而异。

事实上,在后来的电视报道中,有的人说"太好了",有的评论员则露出反感的表情。总体来讲,大叔们都稍显鄙夷之态。而有的嘉宾则明确表示不愉快,认为那简直不像是日本女性。

无论怎样讲,那样的举动对于目睹此事的人们而言,都像是巨大的冲击。有的周刊杂志称其为"强吻",有的说那一吻让自民党在参议院选举中增加了百万选票,也有的说减少了百万选票。

不管怎么说,如此轰动日本的吻确实罕见。

通过调查对于此吻的肯定意见和否定意见,就能判明日本人关于爱的意识形态。当然,如果将年龄、性别、职业和县域分开统计的话,毫无疑问会体现出各自的特性。

那么,我自己对此怎样看呢?

回答很简单——非常动人。

曾我女士在詹金斯先生走近的一瞬间,突然捧住他的两颊并将嘴唇紧贴上去,其热烈的举动表现出迫不及待渴望相见的急切心情。

不过,也会有人认为那是摆拍或官方组织的表演。但是,人根本不可能在别人的指示下做出那种举动。

还有人质疑说,她在亲吻丈夫之前应该先拥抱孩子才对,但我并不这样认为。

若是面对讨厌的丈夫,我不知妻子会怎样,但是对喜欢的丈夫就应该夫妻先拥抱,然后再拥抱孩子。

虽说如此,这件事出人意料地突显了日本人对于爱情的独特意识。

首先是不能在众目睽睽之下亲吻和拥抱——这是禁忌。

我认为,如果是在工作或正式活动的场合,当然不能那样做,但除此以外的场所就应该可以不动声色地亲吻。

何况这次是因为曾我女士历经千辛万苦,时隔1年9个月终于见到了丈夫。她在那个瞬间热烈拥吻丈夫也是自然而然的事情,而如果没那样做反倒显得不自然。

虽然有人批评说那样做不像女人,不像日本女性,但说这种话的人只是不懂女人而已。

女人不会像男人那样装腔作势,只要真心喜欢谁、想见谁,都不管什么体面不体面,毫不掩饰真性情地扑上去热烈拥吻。所谓像日本女人的样子原本只是受到男人的强制而故作姿态,但女人毕竟是女人。

无论是东方还是西方,女人都是激情奔放的活物。鲜明地表露真性情的曾我女士就是普通女人,而对她蹙眉侧目的都是只认可故作姿态女人的任性大叔。

如此看来,日本人确实不太习惯表示爱情,或者说比较冷淡,不够宽容。

"在大庭广众前腻腻歪歪……"这类说法依旧存在就是明证。而这只不过是自明治时代延续至今的男性社会守旧思想的残余而已。

总而言之,日本人一直受到"爱与性必须遮掩和鄙视"的观念的束缚。

然而,那种需求和愿望在现实当中却依然强烈,由此导致只能在暗中偷偷摸摸亲热的可悲结果。

可是,欧美社会却与日本完全不同。特别是在法国和意大利等国,男女相爱是理所当然的事情。在爱情高于工作和饮食的观念堂堂正正地获得市民权并延续几个世纪的社会,爱的表现和亲吻毫无违和感地、极其自然地为人们所接受。

如果曾我瞳夫妻在巴黎做出同样的举动,肯定不会有人提出异议。

而在日本当然会有人说,日本与法国完全不同,具有独自的习俗和感性。

不过,这也是程度不同而已。

现如今,应该摒弃那种在大庭广众之下要压抑兴奋和喜悦的旧观念,更加率性地表露自己的感情。

顺带说明一下,在日本,有关爱和亲情的表现较为平淡,即使久违重逢也只是点下头而已。别说是拥抱了,连握手都几乎没有。

这种平淡看上去特别简爽,却只能淡化人与人的亲密接触,淡化人际关系。

特别是在上了年纪之后,像相互拥抱这类亲密接触十分重要。这也是日本的老年人比欧美老年人虚弱和孤独感更深的重要原因之一。

我希望日本也能以曾我女士的吻为转机,尽快变成能够坦然示爱的、开朗豁达的国度。

幼稚的少爷

前不久发生的养老金风波将政界和媒体全都卷了进去。

民主党的小泽退出党代表选举之后,形势看似暂时平稳,但旁观一系列的纷扰给人留下了这样的印象——一场极为幼稚的或者说是少爷式的瞎折腾。

先说说那场养老金风波。

此事的发端是在3月22日,被选为国民养老金广告代言人的江角真纪子小姐被发现未缴纳养老金保险费。

第二天,民主党代表菅直人提出,将江角小姐作为协助调查人召唤到国会,顿时在政界点起燎原烈火。

先是发现自民党的中川、石破、麻生三位部长也未缴纳养老金保险费。菅直人代表得知此事后揶揄其为"未纳三兄弟",

并声色俱厉地说:"虽然现在是三兄弟,不久也许就成了四兄弟、五兄弟、六兄弟了。"

然而就在几天之后,发出这种威吓话语的菅直人自己也被查出未缴纳税费。再过了几天,又查明社会保险厅发生了"手续错误"。不仅自民党的兄弟有所增加,而且自己也直接加入其中,成了"堂表四兄弟"。

此后"兄弟圈"连续不断地增扩,仅自民党内就超过了80人,民主党内为33人。再加上公明党代表神崎及下属13人,这样一来各党的"堂表兄弟"骤然增多。

结果,迄今为止已查明的未缴税者就达到了135人,再加上疑似未缴税者恐怕有近200人了。

政界上演狼狈闹剧,紧接着"兄弟圈"不断扩大,还要加上媒体,特别是新闻主播们——平日里唇枪舌剑穷追不舍的主播们,几乎都未缴纳。

从政界到媒体、从"堂表兄弟"到"堂表姐妹",未缴纳圈越来越大。

看到这一阵闹腾,虽然有人呐喊"不可饶恕""卑劣""不知廉耻",但为什么那样怒不可遏呢?坦白地讲,我不太明白是何真意。

大体说来,那些"兄弟姐妹"确实暂时未缴纳养老金,但其本身算不上什么罪过。

在现实当中，迄今为止，并未有人因未缴税费而受到处罚。

而且，未缴款项也不会动用国库补充。明确地讲，只有自己吃亏。

我倒不是在庇护国会议员，但大部分人都并非有意而是因疏忽未缴纳。如果硬要说他们做了坏事，那就未免过于苛刻或者说他们有点儿可怜了。

当然，像菅直人代表那样将自己的过失束之高阁却猛烈指责别人的人物则显然不怎么样。

而其他未缴纳的新闻主播因为一时硬充正义剑客指责未交税费的议员，也应该对自己的轻率做法郑重道歉。特别是虽然他们心怀为国民代言的愿望发表言论，但人们却已开始感到围绕养老金问题的争论无聊至极。总而言之，比起那些只顾摇旗呐喊的主播，国民大众已经觉醒。

如此这般，一场风波的结局，是自民党的福田官房长官在形式上引咎辞职，却丝毫没有悲怆感。反正已经保证他在近期进行的内阁改组中就任外交大臣或相应的职位了，所以没有任何人予以同情。

不管怎样讲，这些都只是小恶罢了。真正罪大恶极的是那些滥用养老金制度为自己捞尽好处的厚生省官僚们。

他们声称"为劳动者的未来打造光明的梦",吸纳了近150万亿日元资金,却浪费在了政府空降官员以权谋私和建造荒唐愚蠢设施等方面,因此可谓罪大恶极。本来这些人才应该被追究罪责,却只是一味地责难未缴纳税费的议员。此处也暴露出时事报道的软肋。

因这场风波最长面子的,不管怎么说,都应该是小泉首相。

此人在5月中旬时回答说"已全缴纳",但后来又被查出,他在学生时代未参加社保。在被问及这个问题时,他干脆变脸说:"我不记得40年前的事儿了。借此小题大做才不正常。"当记者进一步质问他"这样的解释国民能否接受"时,他反驳说:"国民都认为这种制度太复杂,因此最重要的是对此进行改善。"

某位记者对这样的答复深感惊愕:"首相没有撒谎,只是太狡猾而已。"不过,这种狡猾相当不简单,令我感到时隔很久才又听到成年人的发言。

与此相比,小泽则以沉痛的表情陈述道:"我感到自己不配担当下届政权的民主党代表。"他还强调自己的清廉,并表示退出党代表选举。他虽然面孔显得特别老成持重,可想法却过于天真单纯。他似乎认为以此即可与首相互刺对决,但老谋深算的首相根本不可能轻易接招。

虽说如此,这次还出现了诸如"没有急流勇退的胆量""首相老谋深算""用访问朝鲜转移视线"等批评的声音,可那又有什么不对呢?

事到如今,身为一国总理,即使硬充廉洁辞职下台也解决不了任何问题。虽说老奸巨猾,但作为一国领导,如果不老谋深算,又怎能与各国老奸巨猾的首脑对等交手呢?虽说访问朝鲜是在表演,但不管哪里的总统和首相当然都会不失时机地作秀。这就叫民众政治家。

如果嘴上说急流勇退,可实际却要跟朝鲜的金正日正面交锋,这岂不是天大的矛盾吗?为了在外国也能从容对阵,先得在国内养成随时交手的习惯,否则根本上不了阵。

无论怎样讲,此次风波使我们明白了一件令人心寒的事情——在日本只有眼光短浅、天真幼稚的少爷议员和只会炒作煽动的新闻主播。虽然急流勇退和廉洁诚实也不能算错,但我还是希望政治家们都能做到不轻言放弃和坚韧不拔。

上海纪行

6月初,我去上海进行了为期4天的访问。

这次是以我的新作《丈夫这东西》在上海和日本同时出版为契机,前往出席由中方出版社在当地主办的演讲会和签售会以及各种记者会和电视访谈。

另外,我还要与中国目前备受瞩目的女作家卫慧女士共同制作对谈节目,忙得连休息时间都没有。

虽然难免自夸之嫌,但我在中国也算相当有名。

在我到达上海的第二天,各种报纸都登出了我的面部大号照片,还有关于作品与爱的寄语。

虽然我难以读懂报道的全部内容,但是看到其中有"情爱大师"的词语感到非常诧异。而听到记者们解释这就相当于

"恋爱领袖"时,我更加惊讶不已。

我也终于成为大师了吗?承蒙夸奖,不,岂敢岂敢,我尚未完全参透——虽然我自己这样认为,可当对方说"所以您就是大师"时,我却莫名其妙地接受了。

因为对方说,大师就是某种艺道的最高权威,所以我就坦率地欣然接受了。

尽管如此,他们居然说我是"恋爱领袖"!

怎么会是这样?听到我询问,对方回答说因为我是爱情的"革命者"。

总而言之,就因为我曾说过,只要是喜欢上了谁,哪怕对方已经结婚,哪怕身份地位差异再大,都应该直率地去爱。因此我给了大家勇气和力量。

确实如此,我的《失乐园》等40多部作品被翻译出版,几乎都是以男女之爱为题材。

如果加上盗版,不知道还会有多少。中国对于知识产权的保护还不算先进,因此,有时合同也形同虚设。这种实例不在少数。

虽说如此,怎么既是"情爱大师"又是"恋爱领袖"呢?

这是因为中国近10年来对男女题材的小说降低了门槛,所以有很多读者看到了我的书。不过,说实在话,我是既高兴又难为情。虽然也想追着中国美女说"我可是'恋爱领袖'哦",却又怕坏了大师的名声。

在抵达上海的那天,我去上海复旦大学做了演讲。这里就相当于上海的东大。

这里的演讲会场是一间大阶梯教室。据说今年春天,美国副总统切尼也在这里演讲过。定员480人的会场挤进了680人,已经再无立锥之地。

听众几乎都是年轻的男女大学生,其中好像也有教员,甚至连座位周围的空地都站满了人。而且讲台下和讲台上左右两侧地板上都坐满了人,还有的几乎就在我的身边听讲。

如果在日本出现这种情况,立刻会以违反消防法为由进行清理,在中国却不会有那种啰唆事。

据说,如果学生挤到讲台上引发事故造成死伤,全都由个人负责。因为大家预先已对超员有所了解,所以不会埋怨校方和国家。

一个小时的演讲由该校日本文学专业的教授帮我翻译。虽然预定答询一个小时,但提问实在太多,难以收场。

提问内容都是关于我的文学观、爱好和感兴趣的话题。另外还有恋爱体会和女性观,最后又问曾经当过医师的我是否打算写一部有过同样经历的鲁迅的传记。提问真是五花八门。

据说,中国的演讲会大都是按部就班进行,一般都没有提问环节。但在我的演讲会上,提问却非常热烈,甚至有点儿难以招架。

据我观察,印刷版读物在中国依然具有较强优势,能够实际地感受到从书本中学习知识的积极姿态。

虽说如此,中国的年轻人多么活力四射、开朗活泼和充满了好奇心啊!

总而言之,这里几乎没有日本那种冷淡消极的大学生。

这就是处于迅猛发展期国家的蓬勃气势吧。

签售会在上海文化的象征——"上海书城"里举行。一到预定开始的时间,从二楼到一楼都挤满了人,根本无法维持正常秩序。

明明是工作日的下午4点钟,这么多人都是从哪儿聚集而来的呢?

签售会在尖叫声和怒吼声(我的感觉)中开始,最初规定每人2本,可有人拿着5本、10本,还有人提着一筐书来叫我签名,出版社工作人员与保安在顾客中间吵了起来。

这种状态我实在是应付不过来,于是商定每人只签1本,可谁知这样麻烦更大了。

尽管多次要求顾客在我前面向右排队,可他们不仅从我前面,还从左右和后面递过书来,而且还有人在他们前面插队,一片混乱。

我一边用日语、汉语、英语说"谢谢"一边签名,总算签完了200本。因为用的是毛笔,所以肩膀也疼了起来,已经到达极限了。

我要求就此结束,可不管怎样说仍有人排队,只好决定签300本为止,这才得以搁笔起身。

突然,读者们呼啦一下围上来,保安立即将他们挡回去。我被其他保安架着胳膊仓皇逃脱。

我这样做实在对不起那些热心排队的读者,但中方出版社的朋友却安慰我说完全没有问题。

事实上,据说在我离开的同时,刚才聚集的那么多人全都走了,只过了5分钟就一人不剩了。

虽说如此,刚才还那样熙熙攘攘、混混沌沌的人们,现在怎么会散去得如此之快?

新生的中国真是既耐人寻味又威武雄壮。

在20年前,我曾游览过北京、上海和杭州。现在与那时相比大不相同,简直就像来到了完全不同的国度。

特别是上海和北京,城市化发展最为显著。处处高楼林立,宽阔的大道上车流浩浩荡荡,路旁豪华餐馆鳞次栉比。

现如今的中国就像日本颂扬经济快速增长并向泡沫顶点猛冲的时期。

我在前年也曾来过上海,而这次还挤出少许时间逛了书店。

我在那里找到了自己的书。因为我已有很多作品被译成中文出版,书店里当然会有。可是,当我仔细察看却发现,岂止是二次印刷,还有三次印刷甚至五次印刷的版本。

这到底是怎么回事?

明确地讲,迄今为止,我从未接到过商洽增印的信件。

我虽然听住在上海和北京的人说过"销路相当好呢",但因为不可能去当地确认,所以一时没有过问,于是就成了这个样子。

这只能被认为是有意隐瞒增印的行为。

于是,我立刻向当地出版社的相关人员询问情况,可对方说增印事宜已与日本代理商沟通过了。

但是,当我向日本代理商确认时,对方却说没有联系过此事。于是,一方追问"为何不付款",一方回答"不,已经付过了",结果是各持己见,莫衷一是。

本来中国话说起来就势头很冲,即使是恋人之间对话,有时听上去也像在吵架。特别是说到钱的时候,那就更是高亢激昂,给人感觉就像在大吵大闹,挺没劲儿的。不过,令人诧异或者说佩服的还在后边。

由于对增印是否征询过意见没有一致结论,于是决定日后再行核查。大家随即进入预定的晚餐会,气氛立刻变得祥和。在一片"干杯""谢谢"声中,大家笑逐颜开地爽朗欢谈。

争论归争论、吃饭归吃饭,转换之迅速、应对之巧妙真不愧是中国。

如果是日本人的话,发生那样的争论大家都会很尴尬。而且,一般不会跟预定共进晚餐的合作方那样激烈争吵。

"和为贵"只是在岛国日本通用的观念,而到了国际性的场合,就需要努力适应在提出各自主张的基础上维护"对立中的友情"了。

这几年去中国给我印象最深的就是年轻女性在第一线相当活跃。

在此次去上海最初举行的记者会上,十几家报社记者中近八成都是女性,而且都是20多岁。

由于这个缘故,在谈到爱与性的深刻话题时,我有些心里没底。但尽管如此,记者们还是执着地进行提问。与此相同,电视台的导演和采访记者也几乎都是年轻女性,只有摄影师是男性。

为什么会有如此年轻的女性活跃在第一线呢?我向某报社的领导提出了这个问题。对方明快地回答说:"因为女性比男性优秀。"

我进一步询问:"那些稍稍年长的大叔们在干什么?"对方回答说:"几乎都在公司里做事务性工作。"

由于这个缘故,在会餐等场合中特别活泼健谈的都是女性。而大叔们则都比较安稳持重,出版社的社长还亲自为女职员夹菜。

如此这般,女性在上海等大都市里具有压倒性的强势。据说,八成离婚的案例都是女性主动提出申请。

说到日本,虽然在东京等大都市里也有那种倾向,但在地方似乎仍旧是大叔们盛气凌人。这种状况究竟是可喜还是可悲?

不过,我终于实现了乘坐磁悬浮列车的愿望。

地点就在上海东南部的龙阳路。这里是磁悬浮列车去机场的始发站,因为所处位置有些偏远,所以乘客的评价不太高。实际上,与其说先乘汽车到此,再坐磁悬浮列车,还不如直接乘汽车去机场更方便。

不仅如此,车票还很贵。虽然乘坐两次有优惠,但去机场30公里普通票为40元(约600日元),据说还是相当贵的。

而且,不乘坐飞机的乘客要花75元,即多一倍的费用,所以去机场接送旅客的人几乎都不会乘坐磁悬浮列车。这样一来,必将造成巨大亏损。

虽说如此,这条磁悬浮轨道的最高时速可达430公里,是目前地面车辆的最高时速。所以,人们都想体验一次也是理所当然的事情。

列车悄无声息地进入站台,车门开启,我坐在贵宾席,即日本所谓的"绿色车厢"里。通道左右的座椅很宽敞,与新干线列车宽度几乎一样。

发车时刻一到,列车无声地启动,驾驶列车的也是20多岁的可爱姑娘。因为只有她一位司机,所以刚开始我还有点儿担心。不过,列车驾驶全由计算机控制,并不需要特殊的驾驶技能。

在中央通道前端的上方有时速显示,发车后速度迅速提高,2分钟就达到时速200公里,3分钟就达到了时速400公里,只有轻微的晃动。

这就是我所期待的时速400公里吗？我刚想为实现了愿望激动一下，却因为这个过程太简单而略感扫兴。

机场站越来越近，列车时速迅速从300公里降到200公里，感觉就像坐在慢吞吞的电车上。是不是因为我体验了短暂的400公里时速就觉得了不起了呢？

总而言之，适应性最容易使人变得傲慢。

行驶30公里只需7分钟，要说快也确实是快，但又觉得有点儿亏。

"卡哇伊"的内侧

"卡哇伊"这个词是从什么时候开始经常听到的呢?

10年前?不,我感觉像是从20年前就开始越来越多了。而近年来,街头巷尾自不必说,在电视节目中也是频频出现。

实际上,此前曾有位电视女嘉宾在30分钟之内竟然喊了5次"卡哇伊"。

毋庸赘言,"卡哇伊"主要是女性常用的词语,而近来男性也相当爱用了。

我重新查过词典,其中的解释是"从 kawayui 转来,有可爱、小巧和美丽"的含义。

这个词在用于幼童、猫猫狗狗等小动物的姿态和表情以及各种花朵和饰物时,确实可以说与词典含义相同。

但是,近来在用于时尚和设计时,又有了"别致""帅气"

等含义。

另外,年龄相当大的男性,如四五十岁的大叔也经常使用,这时好像还有"顽皮""开心快乐"的含义。

毋庸赘言,这当然是个褒义词。

不管怎么说,"卡哇伊"现在是大流行。形容幼童常用,评论猫猫狗狗乃至衬衫款式和最新时尚也会用到,甚至对大叔大妈都可以用"卡哇伊",保险不会发生什么问题。

由于在口语中变得轻松愉快,所以在书面文章中只要用平假名来写也会有种实际感觉,真是"卡哇伊"的"大贱卖"。

本文尤其着重探讨"卡哇伊"这个词,缘于日前在佐世保市发生的御手洗怜美被害案中的加害者。

这位小学六年级女童的面部照片好像曾在网络上流传一时,就因为她长得十分可爱,所以才成为热门话题:"那么可爱的小学六年级女孩为什么会……"

据看过网络上照片的人所讲,她身高140厘米,较为小巧,但眼睛又圆又大,头发像拉直的感觉长及肩膀,身穿胸前印有"NEVADA"字样的蓝色斗篷。

从这里也能明显看出加害者的可爱相貌。

另外,据说这个女孩原本性格腼腆,表达不是很清楚。

这样的孩子为什么会向亲密的同班女生挥舞裁纸刀将其割颈致死呢?

任何人当然都会感到非常不可思议。对于加害者行凶的原因,被称为儿童心理学家和有识之士的人们发表了各自的评论。不过,明确地讲,他们说的貌似都很有道理,却又不太明白。

他们说,这个年代的女孩被限制在非常狭小的世界,那里发生的欺凌和侮辱就会造成精神上的致命伤。虽说如此,那别的孩子为什么不做这种事呢?令人愈发搞不明白了。

总而言之,在这一连串的惊诧或者说百思不解的背后有个疑问——那么小的可爱女孩,怎么会做出那样凶残的事情呢?

而且,产生这种疑问的背后,往往存在着"小巧可爱的女孩绝对不会做坏事"的自以为是或者说确信不疑。

我们往往会以外表来判断人。

只凭外表判断貌似正派的人、貌似狡诈的人、貌似善良的人、貌似冷漠的人,以及小巧可爱的人和粗壮可恶的人,等等。

虽然我们以为只凭外表就能准确判断,但实际上眼睛所见与真相不同的案例数不胜数。例如那个用手镜偷窥的大学教授。

那么,本案中小巧可爱的女孩也同属此类。因为眼睛长得又大又圆非常可爱就推断她心灵也会温暖善良,不会有任何保证。

与此相同,外表漂亮的女子,其性格却未必温柔,无数男性在婚后发现这一点时已追悔莫及。

尽管如此,男人们依然不接受教训,看到长相漂亮可爱的女人就认定对方,不,就宁愿认定对方既心灵美好又头脑聪慧。

当然,女性看到外表帅气、貌似温厚、类似"勇浚大人"那种男人,也会认定对方既心地善良又精明强干。

这里令人略感难堪的,是以貌取人并非完全无效,而是常常能猜个八九不离十。

而判断有误的情况也同样屡见不鲜。

本案中的加害者就属于判断有误的实例。人们看到那女孩长得非常小巧可爱,于是以貌取人,深信她不会做出那种坏事。

此处便有一则谚语焕发了生机:

"杜鹃声声唤,婉转悠扬自在啼,暗中啖蜥蜴。"

这是江户时代俳人榎本其角的俳句,意思是说,杜鹃鸟虽然鸣叫声那么优美,但是人们却看不见它满不在乎吃壁虎的样子。

看到这首俳句,自然会明白不能因为看似可爱就掉以轻心的道理。

无论长相怎样可爱的孩子,还有小猫、小狗和小猪,只要是动物,其内心就隐藏着凶残的本性。

实际上正因为隐藏了本性,所以它们才能生存下去。那些乍看可爱的兔子、熊猫、考拉,在遭遇敌人时也会立即龇牙咧嘴地发起攻击。

正因为它们平时总把獠牙隐藏起来,所以表面貌似安稳温顺,但并非在任何时候都那么老实。

而且,连可爱的少女也是一样。她们都将尖牙利齿隐藏于内心,所以看上去才显得那么温顺——我们有时也需要这样的逆向思维。

《在世界中心呼唤爱》读后感

我读了,或者说终于读了。

虽然我觉得不必如此夸张地报告,但目前《在世界中心呼唤爱》已是热门话题。

尽管这部作品是今年最大的热门畅销书,却没有哪家报社或周刊杂志刊载正规书评并进行报道。

换句话说,这是一部被排除在书评对象之外的畅销书。

一般来讲,作品一旦畅销,书评就很少再涉及了。而且,如果销量在10万本倒还有这种可能。但是,当销量超过50万或100万,并成为热门话题时,就几乎会被报刊的书评栏忽视。

原因很简单,既然作品已被广大民众阅读过,那就用不着再大书特书了。这是表面原因。

但是,其背后却依然隐藏着这样的担心:如果事到如今才发书评的话,那么是不是连发书评的人都会被看成与大众水平相同呢?

特别是像《在世界的中心呼唤爱》这种以年轻人为中心的纯爱物语,恐怕从最初就会被武断地认为是赶时髦的作品而遭到无视。

还有一个原因,就是出于对畅销书的嫉妒。

说真心话,任何人都希望自己的作品为更多读者所喜爱,并收入更多的稿酬。

但是,如果谁的书一枝独秀热卖不止的话,就会有人感到失望和扫兴。

他们会生气地说:"怎么会出这种东西?"非但不会为作品发书评,说不定还想挑出所有的毛病贬损一番或干脆无视其存在。

这一点与单纯地评价爆红作品的演艺界有所不同,体现了文学世界的严酷性,也是异常扭曲的特点。

但若因此而无视畅销书的话,那就是对广大读者的冷漠。

摆脱陈规旧习的束缚,积极地评介畅销书,阐明该作品及其获得众多读者的背景原因,这对于思考当代十分重要,而且能够使文学增添活力。如果刻意回避,就只能导致文学的衰退。

明确地讲,这种倾向确实已经限制了日本文学的发展,并起到了负面作用。

说到关于《在世界的中心呼唤爱》的读后感,坦率地讲,这部作品本身写得很好。

首先,这部作品最令人满意的优点就是文笔不虚浮,十分稳健。作者好像从事小说创作时日尚浅,但依然一气呵成地写出了最想表达的内容。

作品中的主人公朔太郎与亚纪是一对恋人,他们的爱情与终结构成了故事的主线。作者十分生动地、时而幽默地、轻松愉快且哀切地描写了这段凄美的爱情故事。

特别是朔太郎的祖父,堪称风格独具的存在,拓展了该作品的深度和广度。

当然,祖母与怀恋着另一个女性的祖父相伴一生,其处境想必极为困窘。但作者并未对这条线进行详述,体现了青春小说的优点和清舒感。

最后,朔太郎从澳大利亚回来并重续学校生活时,心中出现了无法弥补的痛苦空白。这个场面勾起了所有人在青春时代都体验过的甜蜜而酸楚的感伤。

该作品之所以成为畅销书,应该是因为流动于全篇的浪漫清爽氛围紧紧地抓住了读者的心。不过,既然是发行量超百万的畅销书,那就不可能单凭穿插虚构情节和全力以赴就能孕育出来。

在其背后,当然必须具备作者自身的真情实感和资质积累。从这个意义上可以说,作者的资质在该作品中完美地开花结果了。

不过,对于初老一族和老年人来说,该作品或许过于素淡和单纯了。

其原因之一,就是这种"绝症+纯爱"的题材太容易预见到大结局。这类题材以前早有多部作品,对此有所了解的人难免会产生炒冷饭的感觉。

另外,由于故事限定在青春期的某个阶段,所谓生存于现实中人们的生活厚重感以及爱与自我的纠葛这些黏稠浓郁的感觉过少,所以有人会感到美中不足吧?这样就很难在成年读者中引起强烈反响。

当然,期待在这部作品中有相应表现恐怕不可能,但这正是被武断为只面向年轻读者的理由吧?

另外,这部作品并不具有超越既往文学作品的、呈现压倒性迫力的崭新意境和强烈冲击。这恐怕就是被书评人无视的另一个原因吧。

我在读过该作品后还观看了据说正在热映的改编电影,

可惜,电影似乎并没有超越原作。

在电影中,男女主人公朔太郎和亚纪,由森山未来和长泽雅美扮演。长泽雅美虽然在扮演女高中生时魅力四射,特别是嗓音爽朗而性感,但因病住院后依然显得健康如常就不免令人心生疑问了。而森山未来那毫无做作的表演真实感很强,而且,因为不是帅哥所以更能引起共鸣。

影片整体采用抒情的手法拍摄,但问题是由柴咲幸扮演的律子这位女性。从影片开头电视报道台风警报的镜头开始,怎么看都像是生编硬造的人物。

影片中将主人公朔太郎分成高中时代和成年人时代进行描述,造成了人物形象的混乱。特别是在尾声部分,即朔太郎与律子去澳大利亚撒骨灰的场景,如果从纯爱的形象定位来看略显不自然。

或许是因为原作故事情节过于单纯,所以在改编时从营销等方面考虑而增加了原作中没有的人物。不过令人遗憾的是,后加的人物并未发挥理想的作用。

综上所述,虽然小说原作与改编电影各有缺点,但巨大的发行量仍说明该作品非常优秀。

另外,这个事实还证明:对于任何人来讲,青春都是永恒的,人们心中都有温情相爱的愿望。

对于这一连串的热潮,有评论说都是因为世间变得越来越肃杀冷漠了。不过,我却不这样看。

倒不如说,这种现象证明,现如今已是新的女性时代。她们可以无视貌似不屑的男性,可以摒弃羞怯,毫无顾忌地沉浸在这种甜美感动的世界里了。

手指的价格

从本月开始,手指的价格变了。

这样说可能有很多人都不太明白是怎么回事。

在我们的手上长着五根手指:拇指、食指、中指、无名指和小指。不同手指的损伤补偿额度都不一样。

厚生劳动省以前曾对因工伤手指被切断制定了不同等级。

例如,失去拇指为九级,失去食指为十级。依次类推,失去中指、无名指为十一级,失去小指为十三级。

如此这般,按不同手指来制定损伤的等级,补偿额度也因此而有所不同。

顺带说明一下,迄今为止的补偿额度是:失去拇指时"自赔责"(自动车损害赔偿责任保险)的金额为616万日元,食指为461万日元,中指、无名指为331万日元,小指为139万日元。

这项等级表是在1936年制定的,一直沿用至今。

虽然从制定至今已过70年,但那时还是在战争期间,男性到了20岁就要接受征兵体检。当时,因为失去食指就不能扣扳机射击,所以征兵体检就不合格。

因为除拇指之外,食指也很重要,所以补偿等级也比较高。但在6年前,灾害医学会指出,食指的评级高于中指、无名指并不合理。

其理由是,手在抓握物体时,食指、中指、无名指并无明显差异,所以提议应以相同等级对待。

所以,此次修改将这三根手指都定为十一级,而小指反而提高一级改成十二级了。

虽然此次修改几乎没能成为热门话题,但我认为有必要对其正确性探讨一番。

以前,在我当整形外科医师时期,劳动工伤的认定是极为审慎的事项之一。

特别是因为当时大量生产煤炭,所以每天都会有工伤患者来到煤矿医院。在治疗后评定工伤等级时,常常与患者发生争执。

例如，像左下肢膝下截肢或右手切断这类客观而清晰的情况，即可按照相应等级进行评定。

但是，像记忆丧失或勃起不全这类情况就很难评定了。

对记忆丧失的评定就只能通过多次与患者会面，参照当时的对话状况及患者的表情和动作等进行综合性判断。除此之外别无他法。

但是，对于因冒顶及垮塌造成的煤气中毒后遗症，即使患者看似丧失记忆较重，但如果此时有传言说"那人记忆基本正常，只是为了拿赔偿金才在大夫面前装样子而已"的话，医师就没把握了。

其实，比起仅在诊室做短时问诊并做出判断，患者的左邻右舍所提供的证言更加准确。这种情况并不少见。

不过，我觉得《冬季恋歌》中的"勇浚大人"绝不会是表演……

这且不论，反正这种以主诉为中心的病情判定并非易事。

比记忆丧失更难判定的是勃起不全。如果也能在客观上诊断为因脊髓神经受损而造成ED（勃起不全）倒还容易判断，但若是单纯的灾后心理创伤造成的ED病例就相当麻烦了。

首先，医师根本不可能进入对方家庭充分观察。就算能够进入对方家庭，如果夫妻早已商定统一口径的话，那就更难搞清楚了。

其结果就是对神经系统无明显异常的病例不予认可。但是,这样处理也曾发生过严重纠纷。

顺带说明一点,在神经损伤的同时发生的记忆丧失可根据不同程度分为九到十四级。因为 ED 是九级,所以赔偿额度对受害者来说是个重要问题。

如此说来,我曾接诊过一个切断小脚趾的患者。不过,当时对于脚趾无论失去哪一根都不予赔偿。

这是因为,脚趾与手指相比并不十分重要。

后来一问才知,那个患者是自己故意切断了脚趾,为的是讹钱买摩托车。想必当时剧痛难忍。

那么,此次等级修改是否妥当呢?

虽说修改的理由是食指、中指、无名指差异不大,但还是有所不同的。不管怎么说,拇指与食指配合最容易抓握物体。然后是中指,而无名指就难度大增了。

虽说失去手指之后还可以进行训练,但实际上,无名指还是不太方便。

尽管如此却仍将其与食指等同对待,这就令人费解了。

难道是因为无名指要佩戴戒指,所以要超越其实际功能进行评级吗?还是因为它在男女欢爱时会起到重要作用呢?

如此说来,在川端康成的《雪国》中有个场景:从东京来的男人岛村握拳的左手只伸出食指对艺伎驹子窃窃私语道:"这家伙最记得你哦!"在同名话剧中,扮演驹子的女演员羞涩地轻咬这根手指,但我觉得是不是应该伸出触感柔软的中指呢?

不管怎样讲,难道是因为中指除了抓握物体之外还有其他很多功能,所以才升至与食指同等的级别了吗?

另一方面,小指又为什么也升了一级呢?

总该不会是因为惯于断指惩戒的暴力团有这种要求吧?所以可能是因为抠鼻孔时用得着吧?

如此说来,以前曾有首歌唱道:"昨晚你咬了我的小指,到现在还隐隐作痛……"难道就是因为这个提高了等级吗?

虽然修改的真意不太明确,但我觉得哪根手指都要悉心呵护。

都是"勇浚大人的孩子"?

日前,高松高等法院做出判决,认定某已故丈夫与其冷冻精子所孕育的孩子具有父子关系。

判决的依据是,亡夫曾明确同意孩子出生,且无任何显示其亲子关系不合理的特殊情节。

换句话说,采用冷冻精子孕育的孩子,只要其父亲表明意愿,即可认定为亲生子女。

做出这项判决曾经历略微复杂的过程:该女性的丈夫已在1999年因白血病去世,她就用丈夫的冷冻精子做了体外受精,并在2001年生育了一个男孩。

可是,因为丈夫死后已过300天,所以,虽然妻子为孩子申请出生登记,却未被认定为亲生子。

该女性不服判决,就向松山地方法院提起诉讼,要求认定亲子关系,却被以"采用丈夫死后的精子受孕而非自然受孕"为由驳回。

但是,该女性主张"因为丈夫已同意死亡之后采用冷冻精子怀孕生子,所以与正常配偶之间的人工授精相同,应该得到认定"并提起诉讼。

她的诉讼这次终于得到高松高等法院的认可,成为逆转胜诉的案例。

在此之前,罹患白血病和睾丸肿瘤等绝症的患者被准许预先冷冻保存精子。

除此之外,在美国等地,从事受放射线照射工作的男子也可以保存精子。

如果这些人因病亡故,即可根据妻子的希望,采用亡夫的冷冻精子进行人工授精。而出生的孩子则可作为亲生儿女得到承认。

换句话说就是,即使在丈夫因故去世之后,妻子也可以生孩子。

本来以前就已开始对牛的精子进行冷冻保存,现如今对人类也同样简单易行了。

虽然方法多种多样,但此处的问题是怎样浓缩精液并仅保留优质精子。

为达到此目的,首先可以采用离心分离法,只取分离器底部沉淀的浓缩精液冷冻保存。

另一种方法叫浮游法:在通过分离得到的浓稠精液中注入培养液,然后撇取浮游到表层的、富有活力的精子。

还有一种叫分离法:在精液中加入分离液并进行离心分离以提高浓度,然后只选取活力最强的精子。

以上述方法选取的精子要进行清洗处理,再与保存剂一起在接近零下200摄氏度的低温中冷冻保存。

据说,从理论上讲,冷冻精子几乎可以半永久保存,即使经过一百年或两百年,也与新鲜精子的授精能力完全相同。

当然,人工授精的成功率也就是10%左右,并不算高。

这也是因为,授精能力还会受到妻子的年龄和受孕能力等因素的影响。所以,在实施时还要考虑到这些因素。

我以前曾见过冷冻保存牛的精液,在巨大铁锅状的容器里林立着装有精液的试管,一打开盖子就冒出类似干冰那种白雾。当我想到这里冷藏着无数个生命本源,心中就产生了一种异样的感觉。

采集牛的精液的过程是:在树杈状框架上固定模拟雌牛性器官的橡胶器具,只需在其上涂抹雌牛的液体,即可让一头头公牛连续插入阴茎并射精。

当然,在橡胶器具另一端装有采集精液的软管,精液可以直接被吸入试管中。

这样做若说合理也还算合理,不过,望着公牛朝只有雌牛体液气味的橡胶器具疯狂射精,我感到了雄性的悲哀或者说可怜。

正像前文所述,现如今冷冻精子保存技术已近乎完美,并且建立了几座精子银行。

但问题是从今往后怎样做。如果在不久的将来能将保存的精子制成片剂形状、能像保健品一样使用就更加方便了。

这样一来,使用时直接插入阴道即可。

如此一来,男性或许都要将自己的精子制成片剂保存起来了。

当妻子说"哎!我想要小宝宝啦"时,丈夫只需说声"哦!那儿有精子制剂,拿去用吧"就OK了。

对于懒惰的丈夫来说,这种方法或许会大受欢迎。

当然,如果五花八门的精子制剂上市销售,情况恐怕就完全不同了。

例如,进入药店就能看到出售各种精子制剂。

首先,红片是影视明星木拓(木村拓哉)的,黄片是著名主持人明石家秋刀鱼的,白片是职棒选手铃木一郎的,黑片是散打王武藏的,等等。

各种制剂的价格还会随时变化,或上涨或下降。例如,去年小泉首相的制剂价格一直坚挺,可进入今年就跌跌不休了。

而女性只需选购其中最喜欢的那种自行插入,即可生出与制剂主人一模一样的孩子。还有比这更快乐的事情吗?

即便丈夫说:"哎!咱们该要孩子了吧。"可妻子却拒绝说:"我可不想要你的孩子。"丈夫就只能提供身体的服务了。

而且出生的孩子十分标致,与丈夫长相完全不同,并且充满活力。

但是,不管怎么说,现如今最受欢迎和价格最高的还是"勇浚大人"的制剂。毕竟因为供不应求,所以价格居高不下实属无奈。但尽管如此,大家还是想方设法弄到手并立刻怀孕。

如此这般,日本到处都有酷似"勇浚大人"的孩子连续不断地出生。于是,日本就变成了韩国。虽然这种荒唐事根本不可能发生,但非亲生子女无疑会有所增加。

"冬恋"追剧测试

《冬季恋歌》是时下最热门的电视剧。

数人相遇必谈"冬恋",就从"看了吗"和"怎么样"开始。

但奇妙的是,"冬恋热"却只是在女性,而且只是在40岁、50岁、60岁的中老年女性中刮起狂热旋风。

这种"冬恋热"几乎没在年轻男女中掀起波澜,因此是一种极为偏隘的风潮。

那么,"冬恋"为什么只受到中老年女性的狂热追捧呢?

关于这个问题好像已有各种各样的议论,而依我所见可归纳为以下几点:

首先有一个美好的相遇,然后发生了无法预料的事件,最终以悲伤的离别收场。再加上剧中充满了温情体贴的氛围,而且扮演相恋的男女主人公的是"勇浚大人"和崔智友这对俊男靓女组合,全剧都充满浪漫的情调。

这些大概就是抓住女性心理的最大原因,而剧情却波澜起伏。

剧中主人公俊尚与惟珍在高中时相识相恋,可俊尚突然因交通事故死亡。时过10年,当惟珍即将与自幼相伴成长的男子订婚时,却遇到一位长相与车祸去世的俊尚一模一样的男子。

惟珍从此又为爱情所困扰,在两位男子之间纠结动摇。但是,酷似俊尚的男子却因记忆丧失症而忘却了往事。

但是,惟珍确定那男子就是本应在车祸中去世的俊尚。尽管惟珍旧情复燃,可那男子却再次遭遇车祸,而此次创伤的后遗症是有可能双目失明。惟珍得知此情主动退避,并前往巴黎学习建筑。当惟珍回国来到海边看见自己理想中的房子时,出现了俊尚的身影……

只从剧情梗概即可发现,前前后后发生了一连串超乎想象的事件,正所谓极尽投机取巧之能事。像这样奇迹接连不断地发生,恐怕连耶稣都会大惊失色了。

这种压倒性的失真,就是多数男性不会追剧的原因。不过,如果忘掉故事的整体来审视局部的话,也可以说完成得很好。

首先是画面唯美而抒情。然后就是节奏较为舒缓，并适时插入特别应景的对白，背景音乐也恰到好处地烘托了气氛。除此之外，最重要的还是主人公具有日本演员已然失去的朴素之美，等等。

如果撇开故事主线来看孤立的片段，倒是没有特别强烈的违和感。

再来说说不看"冬恋"的女士们。我征询了构成其核心部分的年轻女性的意见，她们几乎都说"太拖沓了，实在看不下去"。

这就是说，年轻人总是更加直爽和富有活力。

此外，还有意见说故事情节太荒唐，观看时忍不住想笑。

另一方面，男士们从青年到上年纪的大叔都说，从生理上不适应这种过度甜腻的爱情物语。而且，最重要的缺点就是没有描写性爱。

男女主人公既然相恋那么长时间，总该有一两次，不，应该是不设限地、激情迸发地男欢女爱吧？有了性爱关系之后，两人或结合得更加牢固，或有时变得相互憎恨。而三角关系也会更加复杂，爱的形态和深度也应发生变化。

我很想看到这方面的发展，可电视剧中却没有任何描述。

或许创作者的设定是纯爱物语，但即使加上性爱情节也并非不是纯爱。非但如此,真正的纯爱正是建立在性爱的深深牵绊之上。会不会是因为对这方面的描写没有把握呢?

该作品那样描写,只能是所谓的柏拉图式爱情。以那种漂亮话作掩护来逃避现实,结果使电视剧变成了自以为是、缺乏深度的作品。这一点不可否定。

我在开头说过,痴迷于"冬恋"的主要是中老年女性。但通过网络等调查又发现,痴迷者是以中老年已婚女性为主。

在这些人中,有的已多次看过"冬恋",牢记剧中所有的画面,还在自己房间里装饰了"勇浚大人"的照片和公仔,组建了交流"冬恋"观后感的小团体。还有人受到电视剧的启发,开始制订约会高中时代男友的计划。

对这些人还可以描述得更具体些:她们是过着平稳安定的婚后生活且开始厌腻这种单调无聊生活的妻子。

与此相反,同样为人之妻,有的走出家门积极投身于工作之中,有的找到了丈夫以外的情人,还有的在性爱方面得到了深度满足。她们不会太热衷于追剧"冬恋",或不如说她们都在忙于自己的事情,而对虚幻失真的电视剧不太关心。这才是真心话。

仔细想来,中老年女性对"冬恋"所表现出的两极分化相当耐人寻味。如果对这些女士提出诸如"你在看'冬恋'吗""特别喜欢'冬恋'吗""不太喜欢吗"的问题,就变成了追剧测试。

因为根据相应的回答,即可在某种程度了解对方当下的生活状态。

也就是说,如果对"冬恋测试题"回答"简直喜欢得不得了",可能就是虽对现实生活感到枯燥无味但尚无外遇的淑女型人妻。

而冷淡地回答"我没看那种电视剧"的女性或人妻,要么就是正在专心致志于特别有意义的工作,要么就是正在暗恋某男。

我说这些或许会遭到反驳:"你说的话都不靠谱!"不过,我认为值得先从身边的人开始进行测试。

特别是当妻子回答"我被'冬恋'迷住了"时,丈夫大可暂时放心。但也不能忘记,这种回答同时也是对丈夫的表现心怀不满的证据。

究竟不适应什么

有个词叫"适应障碍"。

在公布这就是雅子妃殿下所患的病名之后,它骤然成为众所关注的焦点。那么雅子妃殿下后来病情怎样了呢?

明确地讲,这个病名意外地令人似懂非懂。

作为医学定义,适应障碍指的是,由一种或多种精神压力造成的抑郁心情,同时出现不安、失眠、头痛和慢性疲劳感等症状。

一般来讲,在产生精神压力后三个月之内可出现上述各种症状。而当精神压力解除之后,大都不会持续半年以上。

造成精神压力的原因多为以下几个方面:青少年时期,在学校与教师和同学的人际关系问题、学习成绩和升学的问题、家庭中的亲子关系问题以及个人的与性相关的问题等等。

在成年之后,还会发生夫妻关系、家庭经济、职业工作以及性生活等方面的问题。另外,亲朋好友亡故也会造成精神打击。而到了中老年时期,精神压力往往来自公司解聘或退休。而女性则会由于闭经等情况导致精神方面出现问题。

适应障碍的诊断由精神科医师做出。首先要与本人进行深入的谈话,聆听本人的诉求,同时进行心理学方面的测试和身体检查。

而治疗则毫无疑问是要消除导致适应障碍的病因即精神压力。但仅此并不能迅速缓解症状。与此同时,还要改善周围环境,为了让本人能够轻松愉快地生活,需要学校和周围人们给予善意的帮助。

以上就是有关适应障碍的大概内容。但明确地讲,它的症状并非像通常疾病那样显而易见,因此将其看作健康与疾病跨界的状态较为准确。

换个说法就是,虽然尚未达到正式诊断为某病名的程度,但如果需要暂定一个名称的话,那就是它了。

从这个意义上讲,这个病名相当模糊,或者说只是为了方便而已,其实并未得到相关专家的认定。

实际上,在这个病名公布时,我所认识的精神科医师也有些疑惑:"真正的病名到底是什么呢?"

毋庸赘言,所谓适应障碍是指因不能适应某种情况而出现精神障碍的症状。不过,只要综合考虑即可发现,普通人也会经常出现这类症状。

例如,公司职员与上级领导合不来、在职场中对坐在邻桌的家伙很反感、工作太重工资太少、工作得不到成就感、夫妻关系不和谐、被女朋友甩了等等,不胜枚举。

我也会遇到类似的状况,例如写不出满意的文章、截稿日期迫近、受到编辑催促等等,精神负担也相当沉重。

即便没有上述这些情况,也还会遇到诸如打高尔夫球失手、玩弹子游戏老输钱、被朋友说坏话、遭到伙伴排挤、受到嫉妒等等。虽然在旁观者看来这些都是小事,可本人却背上了包袱。很多人都会为此烦恼不已。

不管是哪种情况,总而言之,当代社会就是"压力山大"的社会,所以精神负担当然到处存在。那么,如何适应这些压力,就成为其能否导致精神疾病的关键。

此时,最为重要的就是怎样缓解愤怒、不满和焦躁情绪。

遇到这类状况时,男士们大都是借酒消愁,或者是去夜总会、酒吧和色情场所,或者是参加和观赏体育竞技,精力过剩者还会打架斗殴。除此之外,恐怕就剩下拿部下和妻子当出气筒了吧?

从某种意义上讲，这些都可以说是适应精神压力的手段。

那么，怎样利用这些场合宣泄情绪、缓解压力呢？此处不可忘记的是，即使是同样的精神压力，有些人会导致适应障碍，而有些人却不会。

这种差异来自何处？

在此可以考虑到的就是感受性。即使同样是不愉快的事情，有的人感觉过于强烈和敏锐，而有的人却感觉比较迟钝。

我这样说或许有人会生气："怎么？我为了不得适应障碍症费了好大劲儿，却只是感觉太迟钝了吗？"

坦率地讲，确实如此。正是因为迟钝，所以才会不太在意各种精神压力。而且即使在意，也能自我适应并保持健康的精神状态。

秉持这样的看法就会认识到，迟钝并非羞耻之事。岂止如此，正因为迟钝，才能在这个"压力山大"的时代坚忍地生存下去。

迟钝堪称一种才能。现如今最需要的就是这种积极意义上的钝感力。

但是，雅子妃殿下的病情究竟怎样了呢？

这里，首先最需要的也是找出原因——究竟不适应什么？

然后将那些不利因素全都化解掉。

如果此事难以做到,那就需要转换心情,以求驱散日积月累的忧虑。

例如,就像以前的著名影片《罗马假日》中的公主那样,悄悄出逃并与一位潇洒男子享受一夜爱情大冒险。

不行不行,堂堂日本皇太子妃怎么可以做出那种事情呢?

既然如此,就只好培养积极意义上的钝感力,即可适应精神压力而避免一蹶不振。

说到底,最重要的还是得找出导致适应障碍的最大原因,究竟是东宫内部的陈规戒律还是人际关系?究竟是天皇继承人的问题还是夫妻之间的问题?

如何解决这些问题,就要看主治医师的本领了。

从医学上讲,只要消除造成精神压力的原因,这种症候就不会持续半年以上时间。但正因如此,倘若久治不愈,那就可能是症状更加严重的其他疾病了。

奥林匹克疲劳

雅典奥运会开幕后已经过了一个星期。

当然,此后还要持续一个星期以上时间。可是,坦率地讲,我已经开始厌腻或者说产生疲劳感了。

当初那种"期待已久"的亢奋情绪渐渐冷却下来。

我倒不是想对媒体的报道方式挑毛病,但电台和电视台事无巨细地连日频繁报道,确实不免令人腻烦或者说厌倦。

反正每换一个频道就会听到播音员"赢啦!金牌"的狂叫声,并看到参赛队员握拳振臂的动作,还有获胜瞬间等回放画面,时时处处都在播放同样的场景。

如果仅仅如此倒也罢了,可如果总是强迫人们观看这种"赢了、输了"的画面,头脑就会变得简单或蛮勇好斗,并且越来越疲倦不堪。

虽说如此，其实直到柔道选手谷亮子和游泳选手北岛康介夺冠时，我还十分专注地盯着电视画面喝彩："嘿，厉害！"

但是，从上野选手和阿武选手夺冠之后，我的心情就不那么激动了。到了后来，我就越来越激动不起来了。

大家都那么拼，而我却是这种状态，心里实在过意不去。但是，从这个意义上可以说，在开赛初期就已夺冠的选手令人印象深刻，算是赚了。不管怎样讲，对连日持续地报道奥运会感觉开始麻痹，这是人的自然反应。

即便如此，因为这远比那种只是台上参演者自娱自乐的综艺节目和毫无真实感的电视剧给力得多，所以还是忍不住会看比赛。而且，最近高中棒球赛也加入其中，所以眼下日本列岛是清一色的体育竞赛，全国都在体育竞赛的热潮中浮躁。虽然这本身也是健康与和平的明证，但我还是忍不住想发几句牢骚——不是还有别的乐趣和不一样的人生吗？

毋庸赘言，奥运会是国际友好交流的舞台，是全世界运动健儿欢聚一堂加深友谊的场所。然而，更加明确无误的却是发扬民族主义的场所。

播音员在解说排球和足球等团体项目时当然如此，在解说个人项目时也是高声呐喊："赢了、日本赢了……"每到此时，观众席上的日本国旗都会猛烈摇摆，这正是民族主义的表现。

而此次雅典奥运会期间，虽然没有极端露骨的争斗事件，但所有的观众都会随着比赛胜负时而欢喜时而沮丧，毫无疑问，说明比赛结果唤起了他们的民族主义情绪。

而且，观众在观战过程中，极为自然地重新认识了自己归属于哪个国家。

从这个意义上讲，不管顾拜旦男爵曾经说过哪些名言，奥运会都是发扬国威、唤起民族主义的绝佳舞台。这一点毫无疑问。

这样的机会按照传统四年一届最为适当，应该说间隔时间恰到好处吧。

在奥林匹克疲劳中，有个再次令人感到心情爽朗的就是"日章旗"。

每当日本选手荣获金牌时，该项目的赛场中就会直溜溜地升起日本国旗。

坦率地讲，在我看来，世界上再没有比它的图案更加明快和独特的国旗了。

与此相比，美国自不必说，就是法国和意大利以及其他各国的国旗也都横七竖八的一点儿也不清爽。如果红蓝色看错了位置顺序，立刻就变成别的国旗了。

如果有国旗设计大奖赛的话，日章旗毫无疑问能拿到第一名吧?

据说,日章旗从古代的"源平合战"时期开始作为折扇和旗帜的设计元素得到使用。而开始作为日本国旗图案使用,是在江户末期佩里率领美国黑船来到日本的时候。正式定为日本国旗,是在明治3年(1870年)1月27日。

在日章旗的设计元素中,白色象征着纯真的心灵,而红色则象征着日出之国的太阳。

与其他国家表现独立战争和建国历程的具象化图案相比,日章旗是多么明朗大气啊!

可惜的是,在第二次世界大战期间,它招来亚洲人和倒在这面国旗下的众多日本人的憎恨和怨叹,并长期受到仇视和厌恶。

当然,这并不意味着日章旗本身有什么不好,都怪那些恶用国旗的人,而日章旗是替他们背黑锅了。

日章旗在每届奥运会上都会升起,铭刻在世界人们的眼底。

有一段逸事传说,在明治初期曾有外国人来买日章旗的设计。幸亏当时没有出售。

现如今,与日章旗相似的还有帕劳共和国和孟加拉国的国旗。帕劳的国旗是蓝底衬黄色圆形,象征着满月之夜。据说,因为帕劳的人们对日章旗怀有好感,所以设计出这种图案。

日章旗升起时播放的是《君之代》。

现如今也有人在抵制这首歌曲,这个旋律虽然稍显迟缓拖沓,但并不像人们指出的那么不好。

可是,日本的奖牌获得者却几乎都不张嘴大声歌唱。

究竟是难为情,还是对此一无所知呢?不管怎么说,既然要参加奥运会,那就至少应该学会唱国歌。在获得金牌时也要凝眸注视国旗,并且放声高唱国歌。

虽然明白这是批评布什

目前,《华氏911》正在公映。

这部影片因在今年的戛纳国际电影节上获得最高奖而一举成名,并成为全美国的热门话题。

顺带解释一下,华氏与摄氏一样,也是表示温度的方式。在美国使用华氏,而摄氏30度相当于华氏86度。因此,当他们听说"东京气温连日超过30度,已相当炎热"时会露出诧异的表情:"有那么冷吗?"

制片人迈克尔·摩尔说"华氏911是自由在燃烧的温度",但只是借用了发生系列恐袭事件的9月11日的数字,与实际温度毫无关系。

布什以前只是个石油公司的经营者,那他是怎样成为美国领导人的呢？影片循着他的足迹，用大量的影像资料向观众展示了布什家族的朋友关系，特别是与沙特国王及本·拉丹家族商务方面的特殊关系。

除此之外，还有关于沙特提供资金培育基地组织的情况，并且揭露了一项事实：尽管在发动恐袭的19名劫机者中有15名是沙特人，但在恐袭事件之后，本·拉丹一族24人却并未受到FBI的审讯就获准离境了。

另一方面，早在9月11日以前就已得到恐袭相关情报的布什却并未采取任何应对措施。他在前往预定访问的小学途中听取了关于恐袭的首次报告并继续访问日程，却只是表情略显不安，并未做出任何适当指示，依旧按照预定程序开始朗读童话。

在此之后，布什异常夸张地渲染对于恐袭的惊骇之情，并荒谬绝伦地押赌于侵占伊拉克，杀伤了大量无辜的伊拉克人，并造成大量的美国士兵死亡。

影片还有很多纪实影像和人物采访，对伊拉克人的悲剧和愤怒、阵亡美军家属的哀伤以及在前线战斗的士兵的疯狂和空虚进行了描述。

然而，布什却只是强调为美国战死名誉崇高，派招兵负责人去全国各地特别是贫困地域，花言巧语地诱导高中生和年轻人参军。

另一方面,影片还描述了为战后重建和伊拉克石油蜂拥而至的企业家们。最后的画面是记者对议员们进行采访,问其是否愿意送自己的孩子加入被派往伊拉克的美军部队,议员们敷衍几句就转身落荒而逃。

从以上内容可以看出,这是一部强有力的反战影片、反布什影片。

看过这部影片之后,最令人惊讶的就是制片人摩尔那异常强烈的反布什倾向,而且固执于此念的电影还堂而皇之地在全美公映。

如果在日本摄制完成这种反体制电影能在全国公映吗?我想到这里不禁心生疑问。

实际上,美国的迪士尼公司也曾对摄制此片的旗下电影公司施加过政治压力,但全美仍有868家影院扩大公映了这部影片。

美国的这种自由度或者说容纳各种意见和观念的宽宏大度不能不说非常卓越。仅就这部影片来看,美国做过什么事情暂且不论,首先可以说美国的媒体尚未沉沦。

在认可这一点之后,再来谈谈电影制作的完成度。遗憾的是,这部电影很难说这是一部杰作。

整部电影确实表述了布什的愚蠢顽劣以及美国的凶残横

暴,但由于制片人摩尔的感情占了主导,所以缺少冷静的客观性。

这部影片最需要的应该是布什本人的反驳和辩解。如果得不到的话,至少应该加入政府高官或布什身边人们的反驳言论。可是,影片中并没有这方面的引用,而是单方面地发动攻击,因此说服力有所欠缺。

尽管本片备受关注,却被认为对布什的总统选情影响不大,就是因为欠缺客观性让观众略感扫兴的缘故。

在痛斥布什愚蠢透顶的风潮中,特别有意思的是当布什在访问小学时听到助理报告9·11恐袭时的表情。

虽然影片显示了他在那一瞬间困惑不安的神情,并强调了他并未做出任何对应措施的愚钝,但这对于布什来说未免有些苛刻。不仅是布什,即便是日本首相和其他各国首脑,在突然听到如此重大的事件时也都很难立即做出反应,所以才会露出茫然无措的神情。特别是因为事件全貌尚未查清,所以根本不可能当即做出相应指示。

与此相比,更令我惊愕不已甚至深感恐惧的,是布什仅根据在场极少数人的意见和现场气氛,就不假思索似的做出入侵伊拉克和攻击基地组织等撼动世界的重大决定。

虽然从外部看去像是高官云集并经过深思熟虑做出的

决策,可一旦知晓内情就会意外地感到失望。这就像从小公司的各种会议到大公司的董事会,连政府内阁会议也都相同。当人们知晓内情时都会想"什么玩意儿",所以还是不闻不问为妙。不过,如果就连掌管美国最高权力的人都是这样的话,那就确实比什么都可怕了。

此外还有一点,不仅限于美国人和伊拉克人,那些手握大权、富甲一方的人永远贪得无厌,总在不断地谋取更大利益。不仅限于美国和伊拉克,这是全世界共通的现实。

本片让人们再次认识到了这一点,因此具有相应的价值。但是,关键人物摩尔却似乎并未注意到这个矛盾。

尽管如此,这部影片居然获得了戛纳电影节的最高奖项!虽然早前就有这种苗头,不过评委们多少也会感到有些意外吧?

顺带说一句,如果摩尔再瘦点儿才会有说服力。

何为婚外恋

最近似乎经常听到这个词,意思是指已婚者与其他异性交往。而且多用于妻子与丈夫以外的男性交往的情况。

简而言之,就是指妻子有外遇。

以前曾将这种行为称作"不伦"。

实际上,10年前我写的《失乐园》就被说成"不伦小说"。而且,因为男女主人公久木和凛子都是已婚者,所以甚至被称作"双重不伦"。

虽然这样说也不算错,但是不是过分夸张了呢?而且所谓的"不伦"似乎强调有失人伦之道,令我深感不快。

不顾一切地爱自己喜欢的人怎么就有失人伦之道了呢?即使已经结婚,但在漫长岁月中爱心复苏移情别恋是常有的事。这才真正富有人情味。

我想起，自己就是秉持这种观点更加满怀激情地奋笔疾书。可居然有人将此称作"不伦"，真是迂腐透顶。

有没有可供替代的词语呢？虽然经过冥思苦想，却一直没找到更为贴切的词语。

最困难的就是找不到包含"已婚者"和"热恋非配偶者"这两种要素的词语。

就在我想放弃时，大脑中忽然出现了"婚外恋爱"这个词。

这个词在稍早前的女性杂志等刊物中就曾见过，果然搭配得相当巧妙。

这个词确实能表明当事者已婚，而且没有所谓"不伦"之类的负面形象。

当然，仅仅如此，语感未免太轻松，似乎过于称心如意了。

虽说如此，"婚外恋爱"真可谓苦肉计或者说妙趣横生的词语。

首先，堂堂正正地断定为"恋爱"堪称高明之处。这样一来，就有种可以放胆去爱、不必顾虑的感觉。

另外，加上"婚外"这个定语也是它的精妙之处。

毋庸赘言，这是指非婚男女关系。不过，坦率地讲，我本人对此并不熟悉。

但是，如果这个词真的固定下来，或许其反义词"婚内"也会得到应用。当然,意思是指在婚姻框架内的男女。

因此,"婚内恋爱"就应该是指妻子爱丈夫了。

虽然当丈夫的都希望这样,但这个词恐怕不会广为扩散吧?

这也是因为,此前已有"夫妻之爱"这个从古至今沿用已久的词语在顽固据守自己的位置。而且,"婚内恋爱"纯属理所当然,所以这个词毫无存在意义。不,其实"婚内恋爱"意外复杂困难,可不知为什么总是干劲儿不足。

如此这般,"婚外恋爱"这个词即将获得市民权。

不过,我在审视这个词的过程中又感到它缺乏意趣,或者说有点儿扫兴。虽然确实能大致理解其中含义,但总感觉特别郑重其事,就像术语解释。

实际上,在会话当中很难运用这个词。如果说"那个人在搞婚外恋爱哦",含义就会被模糊,而且缺乏压迫感。

虽然我并不想说因此还是用"不伦"为好,但"不伦"这个词确实能反映冲破伦理束缚放胆去爱的勇往直前精神。

当然,现如今的外遇大都是抛开那种重负轻松享乐,所以未必不能说它反映了时代特征。

但是,关于"婚外恋爱"这个词,某周刊杂志曾对35岁到45岁的人妻做过调查,其结果显示:此前曾喜欢过丈夫以外男子的妻子占全部的 29%，即大约 3 成妻子对丈夫以外的男子心怀好感。其中仅仅互通电话和短信的占 20%，而已经约会过的占 25%，发展到性爱关系的占 32%。

这说明实际有外遇的人妻大概占近 1 成。还有数据显示，在东京这样的大都市里，主妇中近 3 成有过外遇。所以，虽然可能存在地域性差异，但相当多的人妻已对自己的丈夫心生厌腻，或者对丈夫以外的男性很感兴趣。这一点确切无疑。

而且，根据前述调查，在被问到"有外遇后是否对丈夫感到愧疚"时，6 成人妻回答"没有"。

另一方面，对同一年龄层的丈夫们进行调查的结果显示，50% 的丈夫曾经喜欢过妻子以外的女性，其中 35% 的丈夫与对方有性关系。换句话说，丈夫中的 18% 有外遇。

丈夫的这个占比数字本身确实超过了妻子，但是被问到"有外遇后是否对妻子感到愧疚"时，差不多 5 成的丈夫回答"是"，而妻子却停留在 4 成左右。

这就是说，妻子们即使移情于丈夫以外的男性并发生了性关系，也不像丈夫那样感到愧疚。

这是不是因为妻子比丈夫胆壮且脸皮厚？抑或是因为她们要向根本不把妻子放在眼里的丈夫们发泄积怨？

不，当今社会一切都是男女同权，因此外遇也终于男女同权了。妻子们的行为渐渐趋同于丈夫们的行为——如果这样考虑或许并没有什么值得大惊小怪的。

不过,这里耐人寻味的现象是丈夫们的外遇逐渐减少,而妻子们的外遇反倒在增加。

这反映了什么问题呢?从总体来讲,这或许是丈夫们日渐式微、妻子们却日渐强势的时代特征吧。那么,丈夫们的出轨率会在何时被妻子们追平并超越呢?

看样子那一天或许会意外地早早到来,那时一说到"婚外恋爱"就知道是指已婚男人有了外遇,或许这反倒会成为新鲜事。

"野分"季节

今天早上,18号台风给日本留下累累伤痕之后扬长而去。这是今年登陆日本的第七场台风,远远超过常年的2.5次。

自有观测以来已刷新了历史记录,正所谓台风的高峰期。而且据说仍不能放松警惕,所以确实让人有点儿烦。

那么,台风为什么如此频繁地登陆日本本土呢?

据电视台气象信息主播讲,今年菲律宾以东洋面水温较高,对流云活动较为剧烈,所以台风生成较多。另外,由于阻碍台风北上的太平洋高气压位置比往年朝东北方偏移,因此台风沿高气压带边缘推进,形成易于接近日本的态势。

听到主播们的解释,我不禁点头称是:"哦!原来如此啊!"不过,他们对另一个疑问"为什么菲律宾以东洋面水温高、太平洋高气压带位置朝东北方偏移"却完全没有解答。

也就是说,他们只解释了台风多发的原因,却没解答更深层次的根本性原因。

我虽然也想发发这样的牢骚,但明确地讲,更深层次的根本性原因连气象厅和气象信息主播也不太明白。这才是真心话吧?

总而言之,台风如此频繁来袭实在叫人不堪忍受。能不能想办法把这些旁若无人的家伙一扫而光呢?

于是,我最先考虑到的就是用原子弹之类的高爆能量扭转台风的推进方向。

但是,据说由于台风能量超强,所以这种方法的可能性为零。

要不就将日本列岛的位置稍稍向东挪移。南北纬度依然保持现在的位置,只向东侧挪移2到3个经度。这样就几乎能避开台风了吧?

据说,远古诸神初造国时,从海中拔长矛滴海水筑起了日本列岛。假如当时海水滴落的位置稍稍偏东,就不会变成如今这个样子了。但事已至此,说什么都无济于事了。

时至今日,我们除了逆来顺受之外似乎别无他法。

不过,一味地纠结于台风的负面影响也于事无补。既然定居在日本列岛,忍受台风袭扰就是躲不开的宿命。不如索性想想台风的好处。

于是,我最先想到的就是台风可以带来丰沛的水资源。有了丰沛的水资源,农作物才能茁壮成长,才能造就美丽的河川,才能确保水力发电。

以上列举确实毫无疑问,但如果与台风带来的灾害相抵,我感觉还是损失更大。

那么,还有别的什么可取之处吗?这时,我想起昨晚发生的一件事。

夜正阑珊,强风敲打着窗玻璃——哦,这是很久以前的事了。现如今门窗都很严实,所以只能很轻微地听到窗外风声。而就在我侧耳倾听窗外风声时,心中浮现出"野分"这个词来。

毋庸赘言,这是表示秋天的"季语"。在古代,因为还没有"台风"这个说法,所以把秋季的暴风都称为"野分"。

莽莽原野秋风劲吹,将草木向左右两侧分开。

在《枕草子》和《源氏物语》等作品中,都有描述"野分"的著名画面。例如在《枕草子》中就有如下片段:

> 尤其是暴风过后的第二天,屋外景象实在是千奇百怪:格板墙和竹篱全都东倒西歪,庭院里的花草树木更是惨不忍睹,几棵高树都被刮倒,树干枝叶伏在胡枝子和黄花龙牙丛中,真是出人意料……

只需读到此处,即可想象当时台风掠过后的情景。而平安朝贵族们惊慌困惑的表情仿佛就在眼前。

虽说如此,与"台风"相比,"野分"这个词却是多么意趣盎然!例如夜间的"野分",稍加想象就已心生恐惧,还有几分寂寥,几分妖气。

如此说来,我还曾写过名为《野分》的小说,讲的是在秋风劲吹的时节,一对相爱男女分手的故事。如果采用"台风"一词,那就毫无情趣可言了。

日本历史上曾有多少次台风来袭?由于这需要探知无气象资料时代的情况,所以根本无法做到。不过,如果古时没有当代这种异常气象的话,台风的频率或许远远少于现在。

虽说如此,俗语中有个词叫"二百十日"(立春后第二百一十日,即9月1日前后),日本各地在这一天举办祭祀活动,祈祷不要发生风灾。而且还有名曰"风之盆"的舞蹈,就是为了镇阻台风肆虐的祭祀活动。从这一点来看,"野分"对于人们的生活确实是一大事件。

当然,还有很多与"野分"相关的诗词俳句。我最喜欢的是与谢芜村的这首:

快马五六骑,

> 扬鞭驰向鸟羽宫,
>
> 绝尘追暴风。

这首俳句的内容是:可能是在黄昏或入夜时分,鸟羽离宫大概发生了某种变故,五六名身着黑衣的武士在猛烈的暴风中快马加鞭疾驰而去。

虽然详情不明,但在酝酿着暴风雨的"野分"中,十万火急的紧迫感已鲜明逼真地浮现在眼前。

从这个视角再看台风,万千思绪乘着暴风涌上心头。

例如,在昨天晚上,其实就是在今天凌晨3点左右,当我忽然醒来时,发现外边狂风大作,持续不断地掠过夜空。

在聆听狂风低吼之间,我心中莫名地产生了强烈的孤独感,特别想给谁打电话或发邮件。

但是,就在我因为夜已深而放弃这个念头时,心中浮现出曾经亲密交往过的女子。

她现在怎么样了呢?想着想着,思绪又转到已经故去的人们,并由此开始回顾自己度过的岁月。

我对自己略感惊讶,这种感伤情绪确实特别罕见。而这种情绪也是因为"野分"产生的吧?于是我也做了一首俳句:

夜半狂风吼,

携挈秋思绕心头,

难得忆孤愁。

淳一

异邦人增殖

栃木县小山市发生了两名儿童被杀事件,在三子小林隼人和次子小林一斗的遗体相继被找到之后,总算是结案了。

另外,在本案结案的两天前,大阪教育大学附属小学——池田小学发生的伤害儿童案中的犯人宅间守,在宣判死刑后不到一年就被执行死刑,成了热议话题。

在发生这一连串惨案之间,报纸、周刊等媒体的专栏文章惊叹"没有比现在更轻视儿童生命的时候了",并呼吁应尽快改善儿童的生存环境。不过,发生杀害儿童的可悲事件的原因十分清楚,那就是现如今的所谓大人们尚未成熟、尚未具备适应社会各种状况的能力,因而一旦有了不满情绪和焦虑心理就会迁怒于弱小的儿童。

换句话说,就是这些人因焦虑和积怨而头脑发生短路,在行动之前不能先冷静仔细地思考。

这就是俗话所说的"失控"。现如今,这种"失控人类"持续增加,时时处处盯着弱小儿童和女性伺机作案。

如果非杀人害命不可,不妨去找更强悍些的暴力集团,可是,这些人胆小如鼠,根本不敢去碰人家。

尽管如此,宅间守却杀伤了23名与他毫无关联的小学生,不能不说他是个不可思议的、令人恐惧的人。

一般来说,伤人或杀人都事出有因。

然而,宅间守却说他只是"心烦意乱",于是就拿起尖刀闯入小学校园疯狂刺杀学童们。

如果是这样的话,原因与结果之间并无任何联系。

无论怎样残暴的凶杀案,其背后都会有特定的动机,这样也能让人多少明白一些。那么,没有任何动机却要杀人的宅间守是个什么样的人呢?

此案中的杀人犯宅间守之所以备受关注,是因为他犯下如此残暴的罪行却连一句致歉的话都没有。

一般来说,受到审判、作为死囚被关在狱中的罪犯,都会对家人和律师低声说句"我对受害者深表歉意""我错了"之类的话语。不,人们都认为他们会这样说。

但是,宅间守却拒绝说出此类话语,反倒大喊"快判我死刑吧",甚至疯狂叫嚣"如果不判我死刑就控告国家"。而且,他父亲听到执行死刑的通知也说:"那种东西还是死了好。"丝毫没有悲伤的样子。

报纸报道了前后经过,并说明"直到最后都没讲过一句谢罪的话"。而在电视台的社会生活节目中,人们都叹息道:"这是个什么人啊!"

另有一部分人批评说:"这么早就执行死刑,根本无法了解死囚宅间守的心态变化。"某位与其会面的律师不无遗憾地说:"如果再有些时间,也许他的心态会有所转变。"

但是,事已至此,即便听到他谢罪又能怎样呢?

虽然有人说执行死刑过早,但也早已过了刑事诉讼法所规定的"自判决之日起半年之内"的期限。而且,因为本人强烈要求判自己死刑,并没有申请再审的意愿,所以缓期执行也没什么意义。

这里的问题在于,那些似乎对他有所理解的人只是一味地希求他嘴里能说出"我错了"这句话。

这就是说,只要他道歉就算变成正常人,就可以放心了。然而,这毕竟只是那些人的自我满足而已。

其实并非在现代,早在人类出现于地球的创世纪时代,我们就已经有了一个信念,或者说达成了一种默契。

即人类最怕的就是死亡,多数人最想要的就是金钱——这样一个单纯而原则性的事实。

人类根据第一个原理制定了法律,根据第二个原理构建了无数经济活动。

如果浅显易懂地解释,就是想让人有种"干坏事就要被判死刑"的恐惧感,借此保障社会安全。还要依据"只要劳动就能得到金钱"的共通原理,使各种经济活动得以成立。

然而,如果此时此地出现了"不怕死、不要钱"的人,这两条原理就会立刻崩溃,法律和经济也会发生混乱,人类社会将从根底颠覆。

人们对宅间守感到百思不解和惊恐不安就来源于此。

无缘无故地杀伤众多儿童并丧心病狂地喊"我不怕死、杀了我吧",然后就如其所言,拒不道歉、满不在乎地去死了。

如果这种人接连不断地出现呢?

这种异类简直不是人,甚至连没有感情的畜生都不如。虽说如此,可现实中真的存在呢?

那可真是非人类社会的、来自另一个世界的人结合体的"异邦人"了。

如此说来,在加缪的小说《异邦人》中,主人公默尔索在被法官审问"为什么杀死那个阿拉伯人"时回答说"都怪太阳"。他在走上死刑台时也希望"众人朝自己发出憎恨的喊声"。

当然,我不认为宅间守会有那种深刻的哲学思考,并执着于人类心中用条理难以讲清的非条理性。

但是,如果在现实当中有人自毁大众所信奉的人道主义感性的话,那他就是"异邦人"。

事实上,小山市杀人案中的凶手及其周围的人们也自毁了某种感性。

而且,如果今后自毁此种感性的"异邦人"继续增殖的话……

宅间守之死令人惊悚万分并引起生理性反感,就是由于他给我们带来了这种不安和恐惧。

败胜犬

酒井顺子女士的随笔集《败犬的远吠》，荣获《妇人公论》文艺奖和《讲谈社》散文奖两个奖项。

由于我担任《妇人公论》奖项的评委，首先很想向酒井女士说声"祝贺"。不过，这部作品促使我思考了很多问题。

这部作品自去年秋天出版以来，"败犬"一词成了流行语，在很多场合中得到使用。

毋庸赘言，这个词指的是30多岁、未婚、未生子的独身女性。

近年来，在东京等大都市里，这样的女性有所增加。其原因是在走上社会参加工作的过程中错过了结婚的机会。而且，由于已经习惯了单身的生活方式，也就懒得结婚了。还有就是在作为"叔女"（大叔型女子）享受单身生活的过程中，越来越难以找到合适的对象。其原因多种多样。

总而言之，随着女性走上社会，即使不遵守在适龄期结婚的传统，也不会遭到周围人白眼相看了。像这样束缚女性的社会制约越来越宽松，可以说就是一大原因。

虽说如此，女性心中仍然保留着为人妻和为人母的强烈愿望。在年近30岁时，她们开始为自己可能成为人生的落伍者而焦虑。

这部作品十分直率地、时而加入幽默元素地描述了30多岁女性的心理和周围的状况。

明确地讲，虽然30多岁的女性都会考虑这些事情，但本作品抓住了绝佳时机，并赋予"败犬"这个词以新的含义，具有相当强的时代感。

也有很多女性读者表示，在把30多岁独身女性的增加说成少子化原因之一的社会舆论中，本作品如此淋漓尽致地写出了她们的心声，消除了心中的郁结，感觉非常爽快。

而必须注意的一点是，虽然这部作品的标题和整体主旨都在说自己是"败犬"，但仔细品读却感到未必如其所说。

如果以旧观念来看，女性一到适龄期就该出嫁并专心致志地相夫育子，因此，年过30岁依然独身的女性似乎确实应属"败犬"一族。不过,作者本人及其周围的女性都未必承认自己是"败犬"。

岂止如此,随着阅读的延伸还可以发现,她们拥有个人的经济实力,开创了独自的生活方式并乐享人生。这哪里是什么"败犬",简直就是"胜犬"一族。

也就是说,虽然在表面上看似萎靡不振的"败犬",但内心却对这种生活方式自信满满——这样就好!

实际上,如果不是这样的话,她们就不可能自称"败犬"。

不管表面怎样,其实她们原本就是"强犬"。正因为心存"强犬"的自信,所以才有底气自我调侃是"败犬"一族。

由于这个缘故,此处的"败犬"准确地说应该是佯装失败的"胜犬",即"败胜犬"。

从此也可以看出,尽管同为"败犬",但也有"败胜犬"和"败败犬"之分。

后者"败败犬"既不结婚也不生子,而且没有适当的工作,只是在羡慕别人之中徒长年岁。

虽然这才是名副其实的"败犬",但这种败犬感在都市和地方具有很大差异。

在都市优雅地过着单身生活的女性属于"败胜犬",但在依旧保留着陈腐伦理观的地方,那些优雅的单身女性仍有可能被编入"败败犬"一族。

换句话说就是,都市与地方的等级划分会有相当大的差异。

正像"败犬"分为两种那样,"胜犬"也是多种多样。

首先是那些遵照父母意愿或受到周围人催促而结婚生子的妻子,她们乍看貌似"胜犬",却因丈夫出轨和经济拮据甚至家暴而疲惫不堪,过着惨淡无光的生活。

这些人们只是一时看似"胜犬",准确地讲应称之为"胜败犬"。更有离婚后带着孩子艰辛度日的女性,就变成了"胜败败犬"。

坦白地讲,落入这种境遇的人根本不可能写出像本书这样的作品。因为她们过于一本正经,所以作者和读者都会痛苦至极。

然后就是那些结婚生子、丈夫疼爱、经济富裕、幸福美满的妻子。这才是真正的"胜胜犬",但在现实当中却极为少见。

数量最多的就是虽然也已结婚生子,但夫妻关系从轻度倦怠到相当冷淡跨度较大,但总体来讲属于婚前美梦破灭一族。这个群体可称之为"胜微败犬",在现实当中占绝大多数。

如此这般,虽说有胜有败,但在现实当中却是千差万别,绝不能以是否结婚来简单区分。

倒不如说问题是自己如何定位。这才是关键点。因为每个人的心态不同,所以既可以成为"胜犬"也可以成为"败犬"。

不过,女性对"胜犬""败犬"如此在意,而男性又会怎样呢?

虽然结婚生子,但也不能算是"胜犬"。而且,将30多岁担任科长或主任以上职位的男人主观断定为"胜犬"更没道理。

如此这般,最终结论就只能在本人结束一生时才能确定。

如果本人在临终时认为"我是'胜胜犬'",那他就是名正言顺的"胜犬"。如果认为"我是'败败犬'",那就毫无疑问是"败犬"。

总而言之,人生之胜败不到最后难以论定。因此我想说,根本没必要在意什么胜败之分。不过,女性似乎都特别喜欢划分等级。

乳癌治疗最前线

大家是否知道二十三分之一这个比例？不过，就算有人知道，我也很难向他说"祝贺你"。

这是现如今日本女性的乳癌患病率。也就是说，每23名女性中就有1名乳癌患者。

日本有一家研制并销售医疗器械的公司名叫"GE横河医疗系统"。

这家公司从16年前开始征集"GE横河医疗·Essay（随笔）大奖"。

我从最初就参与这个奖项的策划和评审，本届征文题目是"关于乳癌二十三分之一的患病率"。

全国共有361篇应征投稿，其中16篇通过初审并被送到我这里。读过之后,我思考了很多问题。

不出所料,征文几乎全部来自女性。但其中也有两篇来自男性的投稿,一位是与做过乳癌手术的女性结婚的男士,另一位是医科学生。

读过这些征文之后,最初的感受就是医疗方面对乳癌患者的关怀不够到位。

说到治疗乳癌的方法,此前"早期发现、早期切除"一直是绝对的铁则。而且癌组织自不必说,其周围及腋窝淋巴结都要进行所谓的连根切除。

手术的结果当然就是乳房丧失,还有胸部形如刀劈的瘢痕。

女性患者们是怎样接受这种事实的呢?

以前曾出版过一部名为《乳房丧失》的诗集,在此介绍一首我在小说《冬日花火》中描写过的女诗人中城富美子的和歌:

> 明镜冷无情,映我失乳痛。恍若残鱼亦残鸟,何日获新生?

这首和歌表现了中城女士客观看待自己的敏锐性,痛切地传达出失去乳房的悲哀之情。

确实如此,失去乳房对于女性来说就等于失去生命,是一种无法忍受的打击。可是,以前的外科医师却认定只要是癌当然得切除,不容分说地实施手术。

而患者对此当然不能表示任何不满之情。

中城女士也曾四次接受手术,乳房已被完全切除。然而,这些手术都没有奏效,两年以后她还是被乳癌夺去了生命。

与当时的条件相比,现如今乳癌治疗水平已有飞跃性的进步。

在检查和诊断方面也已开发出从 MRI(即磁共振成像)到超声波乃至乳腺 X 光等多种方法,目前已经能够发现直径几毫米的微小癌瘤。

在治疗方面也有外科手术及放射线照射疗法及各种抗癌剂化疗等方法,发现越早治愈率越高。

特别是在美国等地,曾被认为是不二选择的外科手术治疗已显著减少,保留乳房的治疗方法正在成为主流。

像这样虽然都是乳癌,但仍可有针对性地考虑选择各种治疗方法。所以应避免某一位医师独断施治,必须听取多数医师的意见。

这些新型治疗方法的根本理念,就是极力保留和避免损伤被女性视如生命、万分珍爱的乳房。

而且,如果病情致使不得不采用外科手术,也要尽量缩小疤痕、保留乳房。即使不幸实施了全切手术,也会考虑采取再造手术重建新的乳房。

总而言之,以前的方法只以治癌为优先选项,而现在已经考虑到照顾女性的心理感受了。

这是一种划时代的进步。以前,医疗机构往往采取"只要治好病就行"的态度,而现在已开始着眼于术后的精神重生了。

在此次征文中,处处都能听到那二十三分之一的受困患者关于治疗与精神呵护的急切呼声。

例如,在为诊断做检查时,因为必须裸露上半身,所以患者强烈希望由女技师来操作仪器,而且希望医师也尽量都是女性。此外,患者还希望医师体察她们不安和胆怯的心理,触诊时手法尽量轻柔一些。

虽然从事医疗的人员都不会只从兴趣出发或态度冷淡地对待患者,但正因为患部是乳房这样的特殊器官,所以哪怕是稍不留神,都会给患者带来微妙的影响。

另外,还有很多意见表示,希望在确定保留乳房的范围和考虑术后再造乳房时,能够充分听取患者的意愿。

这些都是有关怎样对待患者羞怯心理的大问题。征文中还介绍了美国大学在这方面的经验："由女性讲师对学习妇产科和乳腺外科专业的医大学生进行指导,讲授视诊和触诊女性患者裸体时的要领,以及心怀敬意避免采用引起女性患者担心和反感的触诊方法。"

另有征文严厉地指出："日本女性崇尚知耻文化,有些女留学生因此而拒绝体检,但这只是依借知耻文化放弃医疗而已。"

而且,征文中还有这样的记述："有些日本的医院,每年在跟踪调查乳癌患者治疗后的状况时会寄来'若想保命就请回信'这种冷酷无情的明信片。"

像这类提出尖锐意见和具有说服力的征文,此次都被评为获大奖的作品。

另外,获得最优秀奖的作品内容豁达开朗、积极向上。例如:"因治疗乳癌头发全部脱落,所以我罩上了整顶假发套,并拍摄了勇敢暴露残缺胸部的裸照,以此作为重生的证明。如果以后我因癌症复发死去,请在葬礼上摆放这张照片。"

向"黑四"学习

上个星期一,我去了一趟黑部水库。

我的畏友、大王造纸厂最高顾问井川高雄邀我前往。而此前关于黑部,我只知道那是在克服了千难万险之后完成的大坝工程。

我听说此行要走一条极少开放的线路,还能到达北阿尔卑斯山[①]的秘境,这才决定应邀同行。

我们所走的线路是从富山市向东,经鱼津市和黑部市进入宇奈月温泉街。在那里住宿一晚之后,第二天早上从宇奈月乘坐黑部峡谷列车,耗时 1 小时 20 分,行驶 20.1 公里爬上榉平车站。

---

① 日本山脉,19世纪,西方人发现此山脉与欧洲阿尔卑斯地貌极像,所以在一些著述中使用了"Japanalps"一词,故有了"北阿尔卑斯"的说法。

这就是俗称的"小火车",曾在大坝建设期间运送各种物资材料,途中可以从半明隧道的豁口处欣赏到黑部峡谷的绝景。

这条黑部川发源于北阿尔卑斯山,长约86公里,海拔落差居然达到3000米。黑部川流域在山体间刻出V字形峡谷,吞纳了从周围断崖汇聚的号称"八千八谷"的无数溪流和瀑布,流经黑部川冲积扇注入富山湾。

我此次前往时不巧正在下雨,而且未到观赏红叶的时节。不过,从两侧飞流直下的瀑布水量大增,十分震撼。

乘坐"小火车"来到榉平站,在这里得到特别批准后戴上安全帽,换乘隧道列车、电梯和有轨索道车,终于来到黑四大坝上。

碧波荡漾的黑部湖和前方展现的立山峰峦构成一幅壮美的立体画面,令我十分陶醉,并再次对前辈劈山筑坝的宏伟业绩感佩万分。

不过,我这回想写的并非黑部峡谷的雄壮和美丽。

其实,我最想写的或者说最感意外的就是自己对水力发电一无所知。

于是,我还想问问各位读者,大家知道水力发电站与水库大坝是什么关系吗?或者说,大家知道水力发电站在大坝的什么位置吗?

对于这一点,我以前一直以为是在城墙般的大坝旁边或地下。

而且,我还以为是从大坝放出激流推动下面的传送机什么的进行发电。

但是,这次去黑四大坝看了才知道,我以前的想象是完全错误的。

首先,电站位于离大坝10公里的下游某处地下,从大坝上根本看不到。

其实,水库里的水是经过特殊通道流进电站,并利用水势驱动涡轮进行发电的。

在这种情况下,发电量是用水流量乘以落差计算出来的。

因此,水流量越大、落差越高,发电量就越大。

搞清了这些原理,在大坝附近看不到电站的谜团也就解开了。

而且我还明白了一点,大坝放水与发电没有任何关联。也就是说,不时地开闸放水是为了保持水库水位和保障下游流域的安全。

听过说明之后,我对此已经有所了解。不过,曾经一无所知的我看到开闸泄洪、水花飞溅就激动地说:"真了不起!这下面就能发电。"现在想来真是羞愧难当。

那么,所谓"黑四"已是听惯了的词语,似乎也明白是怎么回事了。但准确地讲,"黑四"的意思是指黑部峡谷的第四发电站和大坝水库。

当然,由此可知,在黑部川下游业已修建了第一、第二和第三这三座电站。

在战后的1956年,为适应国内快速增长的用电需求,制定了修建第四发电站和水库大坝的计划。

虽说如此,为什么只在黑部川修建这么多发电站呢?

其原因前面已经提到,这条河是经过日本峡谷最深、落差巨大的河流。此外,还因为日本阿尔卑斯山的融雪大量流入,水量特别丰富。

不过,这个黑四电站却被称为战后最大的艰难工程。

越向上游发展,两岸地势就越险峻,全部都得挖掘隧道开路前进。在途中还遇到了巨大的破碎带并出现大量涌水,使工程大大延迟。

在克服了这道最大难关之后,到了1963年,投入工程费513亿日元(当时)、7年时间、劳动力1000万人次、牺牲了171人的宝贵生命,终于完成了这项巨大工程。

在石原裕次郎主演的电影《黑部的太阳》中也描述过这项工程的状况，确实堪称世纪大工程。

如今来到黑部，当年工程人员艰苦奋斗的遗迹展现在眼前，令我再次为前辈们的勇气和拼搏精神感动不已。

不过，遗憾的是，近年来水力发电的意义越来越不被重视了。

现如今投入数量庞大的工程费和劳动力去建设的水力发电，已经无法与火电和核电相比了。

黑部峡谷各电站生产的总电力为90万千瓦，可与我同行的井川先生经营的大王造纸厂一家就能自主发电60万千瓦并自行使用。这令我十分惊讶。

据2002年的资料显示，在国内发电总量中，核电占有31%，可水电只占10%。其余几乎都是火电（煤炭、石油）。

如此这般，曾经号称世纪项目的能源工程已经黯然失色，这里正在变成饱享日本阿尔卑斯山和黑部峡谷大美风景的旅游胜地。

黑部已经不是过去那个黑部了。

时代潮流甚至在颠覆大自然的存在意义。

有白有黑没有灰

最近,在埼玉县和神奈川县,男女7人和2名女性就像早有预谋般集体自杀了。

另外,此前在奥多摩町,有4名女性在帐篷中企图烧炭自杀被发现。这些人的心情并非完全不能理解。

人在苦恼不堪、失去继续生存的精神力量或认定生不如死时,就会考虑怎样去死。

在这种时候,他们都会对死亡产生恐惧感,并且担心目的不能达成,因此想方设法同别人一起去死。

于是,他们通过网络等途径召集伙伴,企图多人集体自杀。

大概殉情也与此相同,孤独地死去特别恐惧,而两人一起就能坦然赴死。而且,若与最爱的人同死就毫无恐惧感。

如果现在心爱的恋人、丈夫或妻子说"我可以跟你一起死"的话,也许相当多的人都会去死。

为了消除对于死亡的恐惧感,最有效的方法就是寻找自杀的同伴。

不管怎样讲,对生者来说,死亡是从未涉足过的路途,彼方黑暗无光。无论怎样欲寻短见,独自去那种地方毕竟忐忑不安、心里没底。

如果此时有伴同行,当然比什么都能宽心壮胆。此时不需情投意合、心心相印,只要有伴就能坦然自若。那9个几乎同时自尽的人,或许就是怀着这种心态一同赴死。

媒体对此发出疑问:"只是在网络上相识的陌生人为什么会这样?"但是,对于他们来说,最重要的是一同去死的安心感。

这种同体同心的感觉强于亲子和夫妻之间的亲情——这一点确切无疑。

而且,这种自杀方式远比现实中在酒店上吊、从高处跳下、卧轨等其他方式稳妥,也不会给别人造成太大的麻烦。

虽然也会给租用的汽车和现场周边造成若干影响,但很少直接损害多数普通人的利益。

如此想来,到也未必不能说这是"精心设计的死法"。

不，我可不是为了肯定这种集体自杀而动笔撰写此文。

虽然，事到如今我无意再喊"不要自杀"这种冠冕堂皇的口号，但仍然认为应该极力避免自杀。

这是因为，自杀者在实行自杀的同时也失去了自己的一切可能性。如果当时不寻短见的话，或许还能开拓新的未来。但是，自杀者在那个瞬间完全关闭了通向未来的大门，并使父母和周围的人们陷入极度哀痛。

降生于此世已实属不易，而这种将宝贵生命化为乌有、令众人悲伤的行为，则不可能得到世间认同。

不过，决意自尽的当事者总会有其自身原因吧？

实际上，此次集体自杀的人们都有心理阴影。例如，找不到稳定的工作、高考失败、长期遭到父亲虐待、苦于丈夫的暴力，等等。

虽然这些在局外人看来算不了什么，但对当事人来说却是痛苦绝望至极的状况，因此劝其回头并非易事。

如果说到周围人们能做些什么，首先就是尽早发现诸如长期闭门不出、抑郁、孤独癖等倾向于自杀的危险信号，及时聆听对方的心声并予以帮助。不过，仅仅以此仍很难说服其放弃自杀的念头。

这是因为，那些钻牛角尖想一死了之的人，当时已处于与正常人相距甚远的境地。

于是我想到,在日本,没有任何地方可以接纳这些心疴难愈的人。

即使在医治好精神疾病回归社会之后,这也是个棘手的问题。赤裸裸的常规社会突然展现在患者面前,完全没有过渡的空间和伙伴。

也就是说骤然从黑到白,中间没有灰色地带。

如果是这样的话,难得重新站起来并想回归社会的人,却面临着要么返回原先那个世界,要么死亡的选择。实际上,从全世界范围来看,日本的精神病医院都处于患者住院时间较长、重复住院病例较多的状况。其原因之一,就是常规社会在这方面的援助体制尚未完善。

应该让心灵受伤难以治愈的人,在这种灰色地带暂时进行"适应性驾驶",恢复一定自信后,再回归常规社会。

那么,灰色地带又是什么呢?

可能有人对此持有反对意见,这就是指日本以前穷人和心灵受伤人们聚居的街道或区域。

如果用难听话来说,就是贫民窟或流浪汉聚落,即所谓社会沦落人群悠闲自在生活的地方。

明确地讲,有的人去那里看到很多脱离常规社会的受伤人群,在与他们接触的过程中,心灵变得平和安详,进而鼓足勇气疗愈心病回归社会。当然,也有人直接住下来,完成了自己的人生。

但是,现如今的日本却没有这种地方。在经济高速增长的浪潮中,这种灰色地带因被认为是肮脏的、不该存在的而遭到彻底排斥,转换为表面一切都貌似清洁干净的社会。

这种倾向在新加坡、中国以及东南亚也能看到。

但是,人类社会不可能完全没有落伍者,就像既有赢家也有输家、既有富人也有穷人、既有健全人也有心灵受伤的人……

现如今,社会最需要的就是那些输家能够安心生活的栖身之所和地域。

换句话说,这是一种善待输家的聚落。然而,在如今只会说漂亮话的日本,却根本不可能存在这种空间。正因如此,心灵受伤者和轻生自尽者今后仍将有增无减。

推杆过猛像女人

近来,在打高尔夫球推杆过猛时,并且不是我自己,而是球友推杆过猛时……

我不禁嘟囔了一句:"像女人……"

球友纳闷地回头看看我,于是我向对方提出建议:"球在果岭(球洞区)上滚动速度快,所以打推杆必须再柔和些,就像男人那样。"

那么,打高尔夫球推杆用力过猛被说成"像男人",究竟是从何时兴起的呢?

与此相应,推杆过轻被说成"像女人",又是从何时兴起的呢?

总之,两种说法都带有强烈的违和感,这一点毫无疑问。

不过,或许只是我一个人有这种感觉。

因此,我很想问:"大家真的那样想吗?"将用力过猛说成"像男人"不奇怪吗?

实际上,在现实生活当中,用力过猛的是女人。

当然,男人有时也会猛烈地施展暴力,即用力过猛,但那只是男人失控时,也就是头脑过热时的异常状态而已,另当别论。

与此相反,一般来讲,女性平时总是争强好胜、用力过猛。这也是平常的状态。

尽管如此,却在打高尔夫球时将推杆过猛说成"像男人",未免太不自然。

据我推断,恐怕是因为男人看似威猛强悍,所以才将推杆过猛说成"像男人",但这显然是错误的看法。

坦率地讲,男人既不威猛,也不强悍。

其证据就是,男性的平均寿命比女性的平均寿命短7岁。

原因很简单。

虽然猛举重物、暴怒斗殴、百米冲刺这类短时运动确实是男性的强项,但长时间持续运动的能力却远远低于女性。

因此,在对于生存来说最重要的生命力这一点上,男性确实比女性逊色许多。

尽管如此,却仍将推杆过猛说成"像男人",作为比喻,这显然是大错特错。

男人和女人哪个更强呢？最了解这一点的是养育过男孩和女孩的母亲。

如果确实有过育儿经历就会发现，男孩往往比女孩孱弱和费事得多。

例如，男孩很难入睡，而且睡眠很浅，稍有响动就会被惊醒并啼哭不止。而且肠胃较弱，动不动就拉肚子。另外，一旦感冒立刻发高烧，并且久拖不愈。

而女孩却比男孩强很多，不仅睡眠很好，而且很少拉肚子、发高烧。

人们常说"生孩子先要生女孩"，就是因为女孩比男孩皮实、好带。而且，在熟悉育儿要领之后再养育男孩，就变得轻车熟路了。

这种倾向在统计数据中也有反映：虽然男孩与女孩的出生率按自然状态来看，男孩稍稍多于女孩，但是，在婴幼儿期，男孩的死亡率较高，而到了适龄期，则男女大致相同。而且，此后男性逐渐减少。

从此可以看出，男孩较为孱弱，抚养困难较大。

这样的男孩长大之后不可能威猛强悍。

尽管如此，仍可能有人会说：不是常见男孩欺负女孩、伤害女孩吗？不过，那只是因为男孩容易失控、擅长瞬发暴力而已。

然而,此处万万不可忘记,容易失控是因为忍耐力弱,而忍耐性差则是因为生命持久力弱。

在日常生活当中,那种动辄暴跳如雷、拳脚相加的行为就是懦弱的明证。这也是因为,男性的身体和精神都比较脆弱,缺乏持久性耐力。

由于这个缘故,只要看到男性大发雷霆、诉诸暴力,即可断定此人身心皆已疲弱不堪,毫无疑问。

与身体相同,女性的性格也比男性强韧,意志坚定。

从外形来看,男性确实骨骼粗壮、肌肉结实,但性格却含含糊糊、优柔寡断,缺乏决断力。

与男性相比,女性外形貌似柔弱,但性格却刚毅顽强,有话就说、直言不讳、斩钉截铁。实际上,女性之间一旦发生争执就直言快语,毫不留情地重创并击垮对手,令男性胆战心惊。

无论何时何地,女性总是爱憎分明、黑白清楚。而男性却摇摆不定,灰色地带太多,不太靠谱。

于是,造物主上帝将非对应的外形与内心赋予了男性和女性。

男性性格懦弱、态度含糊、心浮气躁,而为了掩盖这种内心特征,造物主赋予他们高大威猛、勇敢强悍的外形。

与其相反,女性内心强悍而果断,并且对敌方也严酷无情。为了避免这些性格特征过于外露而导致危险,造物主赋予女性柔弱优美的外形。

如此这般,男性强壮的外表其实是掩盖内心懦弱的铠甲。而女性柔弱的外表却是掩盖内心强大的面纱。

人在年轻时往往不会注意到这种表里不一的真相,因此常常导致失败。特别是男人们总以为女性软弱,所以常常吃大亏。

总而言之,所谓"像男人"或"像女人"的说法都只不过是表面现象而已。

做母亲的经常教训男孩"要像个男人",就是因为如果放任不管的话,被掩盖的"女人气"就会有所暴露。而教训女孩"要像个女子",就是因为如果放任不管,"男人气"就会过度暴露。

追根溯源至此,我将打高尔夫球推杆过猛说成"像女人"的原因也就应该能明白了吧?

那么,从今往后就应该将这两个词反过来使用。

尽管我说这么多,但如果依然错误使用的话,就算打高尔夫球能赢,在男女抗衡中也很难取胜吧?

优太的生还

在此次新潟县中越地震中,最激动人心的就是从27号下午开始的营救皆川贵子母子三人的电视画面。

NHK电视台自不必说,民营各台也持续不断地转播,几乎所有的电视观众都在盯着画面看。

其中尤其令人感动的就是两岁的优太小朋友被救出的那个瞬间。

一般来讲,人在密闭空间里能够生存的最长时间为72小时,即大概3天左右。

但是,这次优太小朋友从23号到27号下午坚持了大约4天,共92小时,已超过最长时限20小时。他被救出来时健康状态依然良好,所以称之为"奇迹般的生还"也是理所当然。

虽说如此,仅仅两岁的小男孩被压在垮塌的石崖下,居然能忍着寒冷、饥饿和口渴独自生存下来!

对此,医师和防灾相关人员从各方面探讨了出现生还奇迹的背景原因。

首先可以举出的原因是,受困者是个幼儿,身体很小。而且,他虽然被埋在乱石下面,但并未受到致命重创。

另外,虽然气温较低,但也因此避免了出汗导致的脱水。还有,由于被困在汽车与岩石间的狭窄缝隙中几乎不能动弹,再加上气温低,因此几乎没有消耗体力。而且,周围堆起的土石也起到了一定的保温作用。

另外,塌方土石之间的缝隙形成透气孔,保证了空气供给,等等。

毫无疑问,正是这些幸运因素的叠加,使优太小朋友得以延命。

虽说如此,孩子平安获救确实堪称奇迹。

在身上只裹着运动衫和纸尿裤的优太小朋友被救援队员紧紧抱起的瞬间,我不禁想喊:"你终于挺过来了,好样的。"

在那么严酷的环境中,一个弱小生命顽强地存活下来确实令人感动。电视台的主播和嘉宾也都频频惊叹道:"仅仅两岁的孩子……"

不过,稍稍冷静思考一下,就能想到优太小朋友能够生还的另一个原因。

此前,专家们提示的原因全都正确,没有任何问题,可以接受。

不过,另外还有一点不能忘记——优太小朋友当时是两岁。

实际上媒体都以"仅仅两岁的稚嫩小宝宝"来表达赞许之意,但可以明确地讲,正因为优太是个两岁的幼儿,所以才能幸存得救。

据说,优太的母亲贵子已当场死亡——假如她也被困在与优太相同的境况中的话……

如果单纯地看,两岁的优太与39岁的母亲相比,就会产生成年人强于幼儿的错觉。然而,这显然是错误的推断。

而且,这并非单纯从幼儿不会占用较大空间来考虑,而是根据基本的生命力强弱来判断。

首先,与已经度过成长期的母亲相比,幼儿在生命力这一点上比母亲强得多。

再加上孩子的环境适应能力也相当强,幼儿和少年比成年人更容易适应各种复杂环境。

特别是孩子在两三岁时无法自主选择环境,只能被动地适应一切突发状况,所以适应能力当然很强。

虽然有人说两岁的孩子还很脆弱,但两岁的孩子也有其强项。

而且还有一点不能忘记,那就是两岁幼儿的稚嫩无知。

两岁的幼儿尚未接触社会,无普通常识,对地震也一无所知。若说心中能够明白或感觉到的,就只有本能需求是否得到了满足而已。

因此,优太小朋友应该会有"真冷啊""想喝水""肚子饿""这么黑""太孤单"之类的感觉。

但是,两岁的幼儿不会进一步考虑诸如"突然发生了什么""这种密闭状态会持续多久""能不能从这里逃出""外边的人知道我的困境吗"之类的问题。或者说根本想不到这些问题。

但是,如果母亲还有意识的话,肯定会持续不断地考虑到当前和今后的事情。

特别是两个孩子现在何处?状态如何?

而且,随着被困状态长时间持续,如果不能及时脱困,怎样得到空气和饮用水呢?受伤部位有多严重?能不能顺利地离开这里?怎样才能离开这里?

在她思前想后之间,外边渐渐昏暗下来,而且气温迅速下降,孩子的哭叫声令她焦躁不安。想到自己也许过不了多久就会这样死去,恐惧感使她一刻都不能坦然镇定。

除此之外,她还想到单身赴任的丈夫、自己的父母双亲、此前离别的亲朋好友、可能就这样死去的孩子以及被困的自己。

在连续不断地思前想后之间,她深深陷入不安、孤独与绝望之中,几乎要发狂了。

在黑暗当中产生的异常精神重压,无时无刻不在痛苦地折磨着贵子女士。本来就已衰弱的生命力渐渐消失殆尽,终于承受不住沉重的精神打击而先于优太停止了呼吸。

以上虽然只是推测而已,但应该不会有错吧?而且,如此苦思焦虑的母亲与只凭本能自然延命的优太相比,在精神疲劳方面确实存在巨大差异吧?

也就是说,精神方面的重压会对体力消耗施加巨大影响。

优太小朋友之所以能够奇迹般地生还,还是应该考虑到正因他"是个稚嫩的两岁孩子"才有可能吧?

笨嘴拙舌

上周飞京都，本周飞名古屋和水户市。

目的是取材和做演讲。

已经到了"食欲之秋"和"文化之秋"的季节，因此可以说是理所当然的吧。

此行去各地入住酒店，第二天早上去餐厅都会看到几对游客在吃早饭。

见此情景，我忽然心有所想。

近年来，在景点、酒店等处特别显眼的，就是这些中老年或是熟年或是我自己称之为白金群体的伴侣。

日本的熟年夫妻原先大都不太积极外出旅游，因此，目前这种现象应该大力称赞或者说十分可喜。

日本的熟年夫妻似乎也终于向美式生活接近了。但这里我所关注的,是在难得的二人世界里,他们却几乎无话可说。

他们面对面地坐在餐桌前,只是默默无语地用餐。

难得窗外还有秀色可餐的秀美园林,所以至少也得说句"太漂亮了"吧?

两人只管闷头吃饭,丈夫吃完之后就用牙签咯吱咯吱(倒是没听见声音)地剔牙缝,然后咕嘟咕嘟像是在漱口地喝茶。

面对这种情形,夫人露出"这个人我真是受够了"的表情,不顾体面地走出了餐厅。

这也太可惜了吧?特意花钱来一趟风景秀丽的观光名胜,至少得"汪"一声吧?可他们连"喵"一声都没有。

如果是这样的话,且不说观光景点,连酒店都会大失所望了。

与这种老夫老妻的沉默寡言相反,那些新婚夫妻模样的伴侣却总是谈笑风生。他们总有谈不完的话题,说到趣处便低声嬉笑。

另外还有一种情况,虽然都是中老年男女,但是看他们兴致勃勃却偷偷摸摸地交谈,即可推测这是一对婚外恋情人。

如此这般,比起餐食的内容,根据用餐过程中的交流状态,更容易判断男女伴侣的实际关系。

其实根本用不着观察这种餐厅画面,日本的丈夫们总体来讲都不爱说话,沉默寡言。

夫妻之间的对话量,大概会以超出婚后年数一倍的速度减少吧?

对于这一点,很多丈夫都说:"因为是夫妻,所以现在不用对话就能心领神会。"还说:"共同生活已多年,不用开口就明白。"

与此相反,关键的妻子一方却说:"那个人的心思我根本搞不明白。"

也就是说,以为不用说话也彼此明白的,只有丈夫一方。正因如此,丈夫一到退休年龄,妻子就立刻对他说"分手吧"。丈夫顿时惊慌失措。

此刻再追问妻子"你到底从何时开始这样想的"也为时过晚。因为从一开始就没打算好好谈,所以未必不可说是自作自受。

如此说来,据报道,最近"成田离婚"有所增加,这倒不是在说年轻夫妻,而是熟年夫妻。

因为丈夫已经退休,于是夫妻双双前往欧洲等地旅游。可妻子发现丈夫硬是什么事都管不了,还总是不停地添麻烦。不仅如此,丈夫还牢骚不断,既随便又任性,还将自己的爱好强加于人。

妻子心想,我再也不要看到这个人了。于是,在返程飞机到达成田机场的同时,立刻向丈夫提出"分手吧"。

这对丈夫来说,简直如同晴天霹雳。

他无论如何都想不到,好不容易陪妻子去欧洲旅游一趟,最后的结果竟然是离婚!

既然如此,张罗这趟退休纪念旅行又是为了什么呢?总体来说,丈夫就是这种一贯自以为是、反应过来却已追悔莫及的活物。

为什么会发生这样的悲剧?尽管原因多种多样,但最根本的就是丈夫这东西不善于与妻子对话,在不经意之间就敷衍马虎了。

实际上,根据某项统计,夫妻每天平均对话时间为27分钟,低于30分钟。

那种认为老夫老妻没什么可说的倾向并非刚刚开始,早在古时就有这类荒诞无稽的谚语,其中之一为"沉默是金,雄辩是银"。

这种观念认为男人就应该沉默不语、威严庄重,而得意忘形、喋喋不休的男人不是什么好东西。

明确地讲,这种观念曾横行于世直到江户时代或明治时代。而现在如果有人因"沉默是金"而不声不响的话,岂止是无人理睬,还会被当成一无所知的傻家伙。

还有一则同样傻里傻气的电视广告:"男人不语,只喝札(幌)啤(酒)。"

这也是老掉牙的东西。即使总把这种话挂在嘴边装腔作势,恐怕也不会有人理睬。

我认为,男人还是应该有话就说,并努力争取让别人理解自己的想法。

特别是不要对"她",而是要对自己的妻子这样⋯⋯

不过,有时虽然心里清楚,但实行起来却意外艰难。老夫老妻每天待在一起,早已无话可说,即便开口也不会持续多久。

那么⋯⋯

这里的原因很简单,因为男人或当丈夫的总是力图说些有意义的事情,所以很容易陷入无话可说的境地。

然而,特别是在跟自己妻子交谈的时候,并不见得总有那种话题。而且,妻子也未必希望跟自己的丈夫谈什么有意义的话题。

倒不如谈一些轻松的、几乎没有实质性意义的话题。例如,最近白发增多啦、蔬菜有点儿贵啦、你对"勇浚大人"怎么看之类的,就足够了。然后,再由此逐渐向自己想表达的内容扩展。

养成聊闲天的习惯,其实是为了找到谈正题的切入点。而日本的丈夫们并没有形成这种风气或习俗。

总而言之,他们就是无法从长年浸染的笨嘴拙舌的癖好中解脱出来。

据说,这种倾向正在年轻男性中持续扩散。因此,将来的夫妻关系会不会越来越阴晦呢?

演播厅公园

上个星期四,我去NHK电视台参加录制了《在演播厅问候你好》这档节目。

我想,有很多人都看过这档节目。时间是从中午一点多到两点钟,我与两位主播对话约50分钟。

虽然我曾多次参加录制电视节目,但像这样投入较长时间、只有我独自接受访谈还是第一次。

而且,此次节目的采访者是号称才女的黑田步和一位叫吾妻谦的男主播。

到时候会发生什么事情呢——我忐忑不安地走进了演播厅。

已经看过这档节目的人都知道,进入演播厅之前要走过一条长廊,有很多现场观众等在这里拍着手夹道欢迎。

我必须从他们中间走向演播厅。工作人员事先告诉我，届时我面前会有摄影师倒退着为我摄像，叫我向前走时不要超过他。所以，我感觉浑身发紧，好像走路都要顺拐了。

夹道欢迎的人群中有大妈、大叔、年轻女性及身穿和服的美女，形形色色。

我一边向他们轻轻点头，一边向前走去。突然有个小学生模样的孩子向我伸出手来，我也不由自主地跟他握手。

难道这孩子也在读我写的小说吗？

我继续向前走过长廊步入演播厅，这里也有观众或粉丝鼓掌欢迎我到来。

我走过他们面前，坐在指定的座椅上时，首先感到的是照明光线太强。

在这里，二位主播将一边演示照片，一边介绍我从幼年时期到当医师以及立志当作家进京打拼时期的情况。

其间，还出现了我在上高二时与恋人J子在一起的照片。她被称为天才少女画家，可是在高三的冬季跑到雪中阿寒自杀了。

这段经历是我从对女性深感费解到关注探究并创作男女小说的原点，因此，若说重要也确实重要。可是，在大庭广众面前讲这些事，使我不免有些难为情。

我从很早以前就是黑田步主播的粉丝,但此人提问的话锋非常犀利。

在介绍我的各种作品时提到了《失乐园》,黑田步发出了考问:"嗯……为爱殉情的男女主人公虽然如愿以偿了,可对周围人却造成了严重影响啊!"

我回答说:"恋爱本来就是自私的东西。如果没有自私的才能,根本不会得到真正的热恋。"

黑田步又提出了颇具现实性的问题:"那留下的孩子和家人会怎样呢?"

我继续努力固守:"因为小说不是阐述伦理道德的书籍,所以不会强调在现实中要这样做、不要那样做。如果大家能穷究潜藏于自己心中的、有可能导致那种故事发生的一点隐秘并加以思考就可以了。"

在接下来的"典藏揭秘"环节中,还问到我的小说在中国成为畅销书的情况,以及我的绰号"情爱大师""恋爱领袖"的由来。

近十年来,中国大幅放宽对爱与性相关出版物的限制,因而,我的书也有机会得到更多读者阅读。

从其根本上来讲,可能是基于这样的考虑:无论国家致力于保障何种体制,爱与性是任何权力都无法介入的、极具隐私性的问题。

此后还有来自电视观众的提问,我都努力地给予了解答。在结束访谈离开演播厅之前,相关人员又把没来得及解答的提问传真交给我,居然有138张之多!

这么多啊——我全都欣然接受了。其中有的表示"我从很早以前就是先生的粉丝,先生的书几乎全都读过",还有一家三代粉丝发来传真说"以前母亲是先生的粉丝,我读了那些书之后也成了先生的粉丝,最近我女儿也开始读先生的书了"。

另外还有人告诉我:"我已经结婚并很爱性情温和的丈夫。不过,自己还有个'他',刚才又跟'他'度过了热烈纵情的时光。体验这种恋情的我,脑海里总会浮现出先生的文章。"

另外,还有更加华彩四射的告白:"我是今年即将67岁的女性。现在有两个情人,每天都很幸福。"

而且,还有一位中年男性在传真中说:"读过《失乐园》之后我做了个梦,发现自己还没遇到'情愿一起死'的女性,近来正倾心拜读《复乐园》。期待看到能让血压升高的作品。"

此外还有鼓励的话语:"总有些假装正经的人蔑视男女恋情。先生今后还要坚决对抗那种风潮。"

"关于渡边先生的作品是否源于个人实际体验,我跟朋友发生了激烈争论。我强调,如果作者没有亲身体验就不可能写出那样的小说,而朋友说,那杀人和死亡不就没法儿写了吗?但我觉得那种情况应另当别论,可她的想法与我根本不同,现在我俩还别别扭扭的。"这让我感到像是做了对不起人的事情。

除了这类与作品有关的提问之外,还有:"先生现在有恋人吗?如果有的话,请告诉我她是什么样的人。"

还有人直截了当地问:"我想跟先生见一面。不过,您与普通女性相恋的概率是多少呢?"

最有水平的评价来自一位60岁的主妇:"我原先觉得你在书中写的都是那种下流事情,所以我绝对不会去听一个下流作家的演讲。但我最终还是禁不住去听了,发现你给人的感觉相当好,因此开始改变看法了。"

我很遗憾不能一一答复大家的提问,不,有的问题确实不太容易解答。当然,来信内容都使我感到很愉快,并且很有参考价值。

被杀害的父母们

最近,在水户市和土浦市接连发生杀害双亲和家人的案件。

现如今是父母们的受难时代。

如果总是稀里糊涂的,说不定哪天就会被儿子杀死。

将来不免会发展到父母待在家里才是最危险的状态。

虽说这两起杀人案连续发生,但水户与土浦的案件性质似乎有所不同。

据说,水户案是凶手想从因父母激励和忠告造成的郁闷心情和沉重压力中解脱而杀人,但土浦案则是由于凶手害怕被家人杀死的强迫心理所导致。

电视等曾报道,据认识土浦案凶手父母的人说,他们根本不是想杀自己儿子的那种人,倒是那个青年有必要接受精神鉴定。

与此相对,水户案中的青年却比较冷静,对审问也能坦白应答。

当然,既然已经发展到杀死父母的地步,所以想必凶手在作案那个瞬间精神处于异常亢奋的状态。而发展到那一步的过程,也并非不可理解。

当然,这些仍属能从报纸和电视了解到的信息。据说,那位青年的父母都是非常热心教育孩子的类型。

首先,父亲是初中教师,而母亲也曾经是小学教师,好像被称为教育家庭。但是,问题或许就出在这里。

一般来讲,人们说到教育家庭就会认为那是很正统、很理想的家庭。然而,在这种情况下,教育方与受教育方截然区分就是问题所在。

当然,我们可以想象到,父亲和母亲都会对他喋喋不休地说"你要努力用功,争取考上好大学""你要做个永不在人前自惭形秽的优秀者"。但如果连续不断地重复这些话,天长日久难免会出问题。

在这种场合中,因为父母只是动嘴发号施令,所以感觉很轻松,但总得随着指挥棒转的儿子,却难以忍受这种被动处境。

所谓教育本来是教育者与受教育者共同学习的过程,但这对父母是不是几乎没有向孩子学习的姿态呢?

还有一点,我觉得那位青年有些可怜,因为他是家里姐弟四人中唯一的男孩。

而且,据说他上面的两个姐姐都已考入大学,只有他没进大学而是上了计算机学校,而且几乎不上课。

如果我的父母像那样不停地对我说"你要努力用功,争取考上好大学"的话,我在那种状态中大概也会滑向歧途,而不会去上计算机学校。

某位有识之士警告说:"如果对不上学、不工作、不接受职业训练的所谓'年轻赋闲者'和'宅民'持否定态度的社会风潮不消失,同样的事件还会发生。"不过,这话未免缺乏说服力。

因为对这种宅民持否定态度的是社会,而且如果社会宽容地认可这些人,社会框架本身就会稀里哗啦地垮塌。

因此,正是家庭和父母才应该接纳这样的人并予以宽慰和安抚。

然而,最为关键的父母和家庭不仅没有接纳儿子,反而对他进行精神上的压迫,当然会将他逼上绝路。

更令那位青年苦恼的是母亲辞掉了教师工作。或许母亲这样做有其本身的理由,但对于儿子来说,这无疑是令他心情更加沉重的事情。

而且,据说家里为了改善儿子的精神状态,还曾尝试让他去新西兰换个环境生活,但依然是母亲一同前往。

孩子对父母早已不胜其烦并极力逃避其说教,如果父母继续这样紧随不放的话,孩子当然会十分恼火并产生憎恶心理。

如此这般,据说那位青年无论父母说什么,都只回答"不明白""不知道""真烦人"。

这也难怪,因为父母丝毫不考虑被逼入绝境的孩子的感受,所以孩子当然会拒绝与父母对话。

这样讲似乎对已逝的父母过于苛刻,我也于心不忍,但做父母的应该考虑更多的问题。

首先,父母应与孩子分开。如果父母不管孩子多大都像小时候那样不离左右的话,孩子将迟迟不能自立,并失去适应社会的能力。

第二,不能对孩子期待过高。如果孩子想上大学就争取上,如果不想上也不必强迫。

每个孩子都有自己的人生,父母强行干涉也未必能起多大作用。总而言之,应该让孩子对自己的将来负责。

第三,父母自己要在工作和爱好中找到乐趣。

日本的父母大都疼爱孩子、担心孩子,以为只要对孩子照顾周全就是好父母。而周围的人们也有这种倾向。

然而,这对孩子来说却是过度保护。越是不专注于自己的工作、爱好和游乐的父母就越是想缠住孩子,因为这样就能轻易地显示自己的存在感。

换一种思路来看,这与随意地摆弄简单的玩具是相同道理。

如此这般,父母自己不与形形色色的人接触,而且不会玩耍,所以从真正的意义上来讲并不懂人性。因为不懂人性,所以自己也停止了成长,而只能致力于摆弄孩子。

总而言之,20岁上下的男孩,往好里说是纯真无邪,往坏里说就是懦弱易怒。

为了避免把这样的孩子逼入绝境和令他们痛苦窒息,父母们应尽早从孩子身边自立。

大妈造反

今年的流行语大奖的得主是北岛选手的"心情超爽"。

因为恰逢奥运会年,所以另外还有"拼搏"进入前10名的领先位置。但究竟怎样呢?

我的个人意见与此不同。

流行语大奖是评选当年最流行的词语,这一点十分清楚。但终审结果还是要由每年受委托的评委来评定。

于是,此次评选结果就是前述那个短语。不过,如果让我选的话,就会从前10名中选择"败犬"和"冬恋"。

既然号称"流行语大奖",选出的词语就应该能够反映当年酿成社会问题的事件和趋势。

"心情超爽"确实是获胜选手情不自禁地真心吐露,虽然其心情不难理解,但毕竟只是某个选手的真情实感而已。

虽然这句话在那个瞬间听起来特别带劲儿,但并不等于社会大众都在说这句话。

实际上,在这个国内国际都多灾多难的年份,"心情超爽"的人恐怕不会很多吧?

说到另一个词"拼搏"也是如此,那只是表达某个瞬间的状态,根本不能反映今年日本的社会问题和特征。

而其他的像"惊喜""新规参入""中二层"等,与其说是流行语,不如说只在极有限的范围内流传,并未在全国民众中广泛流行。

那么,我个人所推荐的词语就是"败犬"和"冬恋"。

首先,"败犬"在反映了女性走上社会的多样化的同时,还表示了"30多岁、未婚、无子"的女性的心理空白,尖锐地戳中了当代社会的痛点。

然后是"冬恋",这个词就更容易解释了。

虽说这是由40岁、50岁、60岁中老年女性刮起的旋风,但如此之强劲却是第一次见到。而且,这些女性周围的丈夫们和男人们也与它不无关联。

这确实是一场狂热的风潮,恐怕不会有什么手段叫人无视它的存在吧?

与此相关还有"韩流"这个热词,但如果评选大奖的话,还应该是"冬恋"或"冬恋热"最为有力。

当然,对于这个"冬恋热",也有意外众多的批评意见。

例如:"那种演员好在哪里,竟让她们如此着迷?"

另外还有"那些主妇都是闲得无聊的追星族,没有半点儿知性和教养",等等。

这些意见多数来自大叔们,而年轻女性也都对那种狂热稍感厌倦或腻烦。

总而言之,"冬恋热"只是由中老年女性刮起的、她们借此发出信息的热风。

虽然因此而认定其"无聊至极"十分容易,但正因如此,也可以说,其中隐藏着不可忽视的重大问题。

于是,首先引人关注的主要是中老年专职主妇们。在此之前,这个群体从未以某种问题团结一致兴起过某种热潮或旋风。

换而言之,这个群体平时总是躲在丈夫和孩子的背后,时刻压抑着自己的情绪。

然而,"冬恋"的出现提供了一个契机,让大妈们团结一致,霎时间卷起旋风。

这就是说,她们堂堂正正地喊出了自己的爱好,也开始强调自我了。

将此看作百姓造反未免失礼,但此前一直默默隐忍的妻子们开始奋起追求自己喜欢的男人和爱情,发起了造反行动。

以前的妻子们在自己的丈夫或号称有识之士的人们横眉指责时,往往立刻俯首帖耳、沉默不语。

曾经是那种姿态的女性,现如今非但不再畏畏缩缩,反倒更加炽烈地燃起爱情的火焰,果敢地追星"勇浚大人"东跑西颠。

此时的家庭主妇已经不是单纯的主妇了。

发展到这种地步的原因之一,就是中老年女性已变得强势起来。而与此同时,丈夫们和男人们的地位却开始沦陷。还有就是妻子们余暇较多,精力非常充沛。再加上此前一直深受压迫,长年的积怨一举爆发。

由于长期以来很少得到丈夫或男人们温情话语的抚慰,这种积怨的爆发也是对爱情极度渴望的反弹。

实际上,像韩国和中国的男人们都会相当自然地对自己的妻子或情人们说些甜蜜而讨喜的话语。

最具代表性的就是"勇浚大人",即使来到日本也毫不难为情地抛撒甜言蜜语。

可日本的男性为什么做不到这一点呢?对此需要另找机会仔细谈谈。

不管怎样讲,现如今的妻子们已经一致奋起了。

以前是大叔们自称"小百合党"和"百惠粉",色眯眯地到处追星。而现如今大妈们也开始无所顾忌地自称"勇浚粉",眼中透出迷醉的神情追星异国男子。

当然,男人们没有权利说"不许那样做"。

这是因为,形成这种局面的大半原因都源自他们对自己身边的妻子服务不周。

那么,这种造反行动今后会猛烈地燃烧到哪里去呢?

即使第一个"勇浚大人"消失了,尝到甜头的大妈们还会打造出第二个、第三个"勇浚大人"吧?

事态发展到这种地步,为了不被造反的大妈们打倒,大叔们也必须把目光转向自己的妻子,还要仔细研究"勇浚大人"的对白和动作,力求提高服务质量。

"冬恋热"可不单单是女性的问题!

出轨会遗传吗

"医学研究"这个词听起来挺不错,可世上竟有学者搞些愚蠢透顶的研究。

其中之一,就是最近在伦敦报道的研究成果——女性出轨会遗传。

这个标题确实能引起人们的兴趣。但这是真的吗?

发表这项研究成果的是英国圣托马斯医院的科研人员。

据说,他们向超过 1600 对 19 岁到 83 岁的孪生姐妹进行了询问调查,内容是关于过去的性行为。

这项调查结果表明,在确定有出轨行为的被调查者中,被判断为由遗传性因素导致出轨的比例为 41%,达到较高水平。

关键问题是做出这种判断的依据—— 一对孪生姐妹双方

都有出轨行为的对象进行调查就得出这个结果——据说就是这么回事儿！

这项研究结果还附赠了一项成果——这种概率高于由遗传因素导致患癌的比例。

这就是说，对孪生姐妹的出轨情况进行调查，发现姐妹俩都有出轨行为的超过了四成，因此得到出轨会遗传的结论。

找到1600多对孪生姐妹，对其现在和过去是否有出轨行为进行询问调查并整理出结果，或许确实是一项艰巨的工程。

我很乐意对他们的研究工作说一声"辛苦"，不过，根据询问调查的结果表明四成孪生姐妹曾有出轨行为就断定出轨会遗传，是不是有点儿不够严谨呢？

兄弟姐妹特别是孪生兄弟姐妹当中，具有相同兴趣爱好并显示出相同行为模式的实例并不少见。

如果对其分别进行调查并得出超四成的结果就断定可以遗传的话，那么有很多方面就都可以遗传了。

他们之所以从其中特别选择了出轨这一项，是不是为了吸引人们的关注、制造热门话题呢？

如此想来，不能不使人感到其选题方式有些可疑。

尽管如此，或许有人会觉得四成这个数字非常惊人。不过，如果对其背景进行具体分析，这个数字并不算高。

首先,都有出轨行为的孪生姐妹当然是同一对父母所生。因此,家庭环境和接受父母教育管束以及对人生和男性的看法肯定也极为相似。

尤为重要的是,两人的脸型、体形及言谈举止等,当然也如同形容词"像双胞胎一样"所说非常相似。

如此相似的姐妹俩各自结婚之后,就算可能因为丈夫不同而有所变化,但仍有把握断定她们可能因为同样的问题发生纠纷或夫妻关系变差。

就算没有发展到那种地步,姐妹俩也会对婚后生活怀有某些不满和疑惑,也会经常谈论这些话题吧?

然后,迈向出轨的第一步,需要有男性接近姐妹俩。但是,姐妹俩相貌体态高度相似,那么男性接近的次数或者说姐妹俩的吸引力也大致相同。因此,双方同时被丈夫以外的男人所吸引也有充分的可能性。

特别是如果两人非常亲近,就会在告白和商谈的过程中走向同一条道路。这也不是什么稀罕事。

这不仅仅限于孪生姐妹,关系亲密的非孪生姐妹也不会有太大差异吧?

再来看看与其相反的不出轨的孪生姐妹。她们成长的家庭环境、性格和容貌体态等极度相似,因此如果一方没有出轨的话,那么另一方也自然不会走那条路。

而且,在这种情况下,孪生姐妹是不是男人容易接近的类型也会产生很大影响。如果是性格刻板、对男人没什么魅力的孪生姐妹,两人同时出轨的概率就会降低吧?

综上所述,孪生姐妹双双出轨的原因就在于家庭环境、性格和容貌体态极度相似,而并非由于遗传这种煞费苦心搞出的莫名其妙的原因。

总而言之,出轨和婚外情与遗传基因几乎毫无关联。

而且,如果断定出轨与遗传基因有关的话,那就应该具体而合乎逻辑地说明,在有数的遗传基因中哪个位置的哪个部分怎样导致该结果。

如果只是询问多对孪生姐妹并进行统计,那就属于编造的或不符合逻辑的结论。

也不知是什么样的医院搞出这种结论,居然敢厚着脸皮堂而皇之地公之于众,实在令人惊诧不已。不过,或许意外地让有些妇人因此而暂时松口气。

例如,有些正在出轨的妇人看到这份报告可能会说:"你看看,你看看,我出轨都怪遗传基因,可不是因为我自己不检点哦!"

不,不只限于妇人,男人们在出轨败露受到责问时,或许也会将错就错地说:"这是遗传,我也没办法呀!"

而且,与此相同,一直忠实维护正常配偶关系的妻子和丈夫,或许也会简单地下结论:"因为这是遗传,所以我们只是顺其自然而已啦!"

而且,我自己当然也有很多情况想用这种遗传论来解释清楚。但坦白地讲,我实在不想依靠这种不靠谱的研究结果。

如此一来就没什么借口了,似乎只能说"因为我本身就是出轨者"了。不过,这是男人与生俱来的病,所以或许无药可救。

患者也可发起抵制就诊运动

我又要当事后诸葛亮了——东京医大附院发生"四名患者连续死亡案"。

我想,有很多人都在报刊上读过此案相关报道:东京医大附院第二外科的医师(45岁)分管的四名心脏瓣膜病患者先后死亡。

一般来讲,心脏瓣膜手术的死亡率为3%到4%左右,对于专科医师来说难度并不是很大,所需时间也顶多4到5个小时。即使在高龄患者中,也几乎没有死亡病例。

从这些情况也可以看出,相关手术结果较为异常,而主刀医师是本校毕业的心脏外科医师、第二外科的讲师。据说,他此前并没有多少主刀心瓣手术的经历。

可是,那位医师的直属上司、第二外科的石丸教授对采访他的报社记者说:"我想让他磨炼技术,积累经验。"

另外,那位教授还在电视台的采访中说:"培养一名经验丰富的外科医师需要 10 年时间,所以这个过程不得不耐心等待……"

身为教授,居然说出这种恬不知耻的话!我听到后非常惊讶,同时怒从中来。

首先,那位教授的话从培养年轻医师的教学理论来看确实正确。因为培养一名老练的外科医师需要近 10 年时间,为此必须将临床手术作为练习以便积累经验——这话说得确实没错。

但是,为了达到让医师积累经验的目的,就可以让尚未成熟的医师主刀给等同于顾客的患者做手术吗?

我也曾当过外科医师,所以十分清楚。在这种情况下,当然要派经验老到的医师在现场指导。例如"那里要这样""这个不行"等等,必须在密切监督下实施手术。

对了,就像学习汽车驾驶时上路练手那样。

如果让学员单独开车上路,撞了人还满不在乎地说什么"培养一名熟练司机需要 10 年"?

在这里,我首先看到的是那位教授医师的傲慢态度。

据我推测,那位 45 岁的外科医师虽然年纪不算轻,但技术和头脑恐怕都很不成熟。

一般来讲,学习这种换瓣和搭桥的心脏手术需要从20多岁开始当助手,在经历多台手术到了30多岁之后,就可以正式主刀做手术了。

据说,这位医师虽然曾去澳大利亚留学,但因为该国并非美国那种心脏外科先进的国家,所以几乎没做过手术。而到了这位教授手下,终于有机会主刀了。

不管怎么讲,如果第一次主刀手术失败,在美国就会立刻被解职,在日本一般也会给降职处分吧?

即便该医师能在教授的宽容下再次得到机会,教授也应在手术现场监督指导。可那位石丸教授却并未在场,难道是因为他的技术也很差,所以没有自信吗?

除此之外,院方向死者遗属解释说"死因是合并症",这更令人难以接受。

这种辩解在以前发生医疗事故时也曾多次被使用,但出现合并症就意味着没能在手术前做出预判,也几乎等于医疗事故。

实际上,为了避免这种事故发生,主管医师应该事先做好各种检查,而且在手术过程当中也必须注意密切观察患者的状态。

特别是做心脏手术,因为需要安装人工心肺机,并在患者血压异常低,即所谓休克状态下实施手术,所以必须谨慎再谨慎。

从四例手术连续失败来看,手术本身暂且不论,相关人员对于管理方法的掌握是否也不够熟练呢?

总而言之,合并症并非偶然突发,都是由于医师们业务不够精熟所导致的必然结果。

而将这一切说成由患者的特异体质所引起,其极力隐瞒自己专业水平太低的意图显而易见。

虽说如此,但在医师中间存在着同行不揭短的潜规则,而这种同行意识反倒成了降低医师业务水平的原因。

现如今,医疗队伍正在分化为特别优秀的团队和特别低劣的团队。

在这种时候,如果优秀团队保持沉默,就等于在容忍低劣团队,而且自己也会因此被视为较低的平均水平。

从这个意义上讲,优秀团队也应提出尖锐的批评,而患者方面也应挺身而出。

当事者提起诉讼实属理所当然,而其他患者也应协同一致发起"决不去东医大附院看病"的运动。这样一来,院方就会立刻发出哀号,并辞退技术低劣的医师。

就像对销售假冒伪劣商品的店铺发起抵制运动,广大患者也应该堂堂正正地对问题医院发起抵制就诊的运动。否则,这种悲剧永远不会绝迹。

医疗现场的资本主义

近来常常听人说到"混合诊疗"这个词。

很多人都对这个词有所了解,它指的是医保内诊疗与医保外(自由)诊疗并用。

我想,现在谈这个问题还不至于事后诸葛亮吧?

这个"混合诊疗"说得简单易懂些,就是将普通诊疗也变成牙科诊疗那样。

据说,现如今治疗牙病"如果选择医保内就用水门汀类材料,如果选择医保外就可以用金质材料"。

也就是说,如果不用医保而支付高价,就可以做金质假牙。

患者会对此进行仔细斟酌:如果两者差异不大的话,那就用水门汀也行。不过,金质假牙咬合感更加柔和,视觉效果很好而且耐用,哪怕价格昂贵也值得。

像这样根据价格差别进行效果不同的治疗,今后将适用于所有种类的疾病。

这种做法自有道理,就是因为原有医保制度已跟不上近年来的飞跃发展了。

例如阳子线疗法,仅仪器就价值几十亿日元。虽说已判明它可以治疗某种癌症,但所需费用过高,因而不可能纳入医保支付范围。与此相同,如果将不断出新的高价抗癌药和最新的高科技疗法都纳入医保,就会造成庞大的赤字,医保制度本身将因此而崩溃。

于是,除了现行医保内的诊疗,对其范围之外的诊疗也都应予以认可。

这就是混合诊疗。

提出这项主张的是作为先进医疗核心的部分医大附院和公立医院。另外,由于能够得到最先进医药的治疗,所以在患者当中也有很多人赞成这项制度。

而且,因为混合诊疗的增加可以相对减轻公共医保的负担,所以希望降低医保费用支出的财务省也很欢迎这项制度。

但是,厚生劳动省等部门却持反对意见。其理由是如果批准这项制度的话,就会剥夺全体国民享受平等医疗的权利。

另外,日本医师协会等组织也指出,如果批准实行这项制度,医院就更容易诱导患者选择医保外诊疗,最终将增加患者的负担。而且,患者为了准备应对大病的巨额费用还得加入民间医保,患者所能得到的医疗待遇,会由于经济条件不同而产生差别。

对这种背景稍加深入思考即可断定,如果认可医保外诊疗的话,容易运作的主要是大医院,而小型诊所却会遇到很多不利状况,所以他们对这种制度持反对意见。

总而言之,如果认可这项制度,对致力于发展先进医疗的大医院特别有利。与此同时,经济实力较强的患者可以顺心如意地享受到最新医药的恩惠。

但是,这种由经济实力强弱带来的差距也已在现实医疗过程中产生。例如,患者在住院时,如果多支付高于医保内住院费的差额,就可以选择双人间或单人间。在日本被称作"差额病床"。

这里说到的只是病房,但混合医疗制度还会涉及医疗项目。

如此这般,对于混合医疗制度存在着促进派与反对派的对立。最近,厚生劳动大臣与规制改革担当大臣达成了暂缓全面解禁的协议。

不过,在抗癌药等方面,则达成了扩充现有临床实验制度的灰色妥协,医疗领域也将不可避免地引进资本主义。

富人可以得到医保外的、更新更优的医药治疗,而穷人则只能得到医保内的普通医疗待遇。

对于这种倾向,恐怕会有很多人以违反"人的生命皆平等"的思想而表示抗议。

但是,资本主义国家美国在很早以前就已推行了这种制度。

当然,国家对贫穷阶层的人们设定了最低限的保险金额。另外还有多级别的保险金额,民众可以根据个人不同收入状况选择参加。

因此,当患者去某医院就诊时很可能遭到拒绝:"本医院以A级参保者为对象,不接受你这种D级参保者。"

这显然是依据参保等级差别对待;但几乎所有的美国人都予以认可。

接下来介绍一些美国富人的自说自话:"在资本主义社会,有钱人住的是豪华大房子,穿的是时尚漂亮的衣服,吃的是美味佳肴,衣食住行样样不愁。

"但是,我的最大愿望是得病时能看好的医生,能得到最先进的医药治疗。我用自己挣来的钱实现这个最大的愿望有什么错?

"我曾经跟吉米一起干活儿。那小子是个酒鬼、懒虫,一有空就到处闲逛。而我却拼命学习、工作,终于争取到了如今的地位,并缴纳了高额税金。跟那个酒鬼接受同等级别的医疗待遇,叫我情何以堪?"

对他这种说法应持肯定态度还是否定态度?这是我们应该联系自身认真思考的问题。

"羞耻心"文化

美国人确实与日本人大有不同,而这也可以说是美国文化与日本文化的不同。

以下是一位在日本出生、去美国居住了近40年的女性随意讲给我的事情。

假设她是K女士,这位K女士在日本时,某一天进了某家餐馆。

这是一家较为高档的法国餐馆,K女士在那里用餐时,看到一位女顾客站起身来。

那位女士大概40岁上下,身着名牌服饰,打扮得相当漂亮入时。当她走过K女士身旁时,脚下一滑、身子一晃就跌倒了。

她双手撑着地板跪坐在那里,挎包飞落在身旁。

K女士禁不住"啊"了一声,周围的顾客也惊讶地望着那位女士。

当然,餐馆的男服务员立即赶过去招呼"您不要紧吧",并捡起挎包要扶她起来。

可是,那位女士却摆摆手表示"不要紧",另一只手撑着地板迅速站起身来。然后,她主动地说声"对不起"就慌忙走进了梳洗间。

K女士看到这个情景目瞪口呆,心想"简直是荒唐透顶"。

如果是美国人就能明白K女士此刻的心情,而日本人则会认为那位女士的做法实属情理之中。

随后,K女士表达了她自己的意见:像这样在餐馆等场所意外摔倒时,绝对不能主动立刻站起。

非但如此,你还应该紧皱着眉头做痛苦状,在店员赶到身边时呻吟着说:"好痛……"而且千万不要站起来。

此外,在店员们观察顾客衣服脏污和受伤的状况时,顾客要貌似怨恨地望着地板,看看有没有致人滑倒的物体。

而且,当店员问到"有没有受伤"时,还要手捂磕碰处做出疼痛难忍状。可是,那位女士居然赶紧站起身来,不仅没有表现出痛苦的表情,反倒难为情地逃离了现场。

"那样一来,不就等于在说摔倒都怪自己吗?"K女士说道。

看到这里,读者可能都明白K女士想说什么了吧?

对了,是非善恶暂且不论,在这种情况下,与其慌忙逃离现场,不如采取在对方身上寻找原因的姿态。

首先要向对方申诉:因为地板上洒了水而容易滑倒,因为高跟鞋被木地板绊到了,等等。

当然,发生这种状况还有可能是因为那位女士自己喝醉而摔倒,或者因为走得太急而摔倒。

"就算是那样也不能轻易地站起来!"K女士说道。

听到这话,我开始感到K女士似乎是个居心不良、爱使坏的人了。

不过,在美国那种必须时时处处宣示自我的社会里,这却是很普通的生存方式。

无论遇到什么事情,首先要主张自己没有过错。

"如果不这样做的话,过后发现自己伤了关节或筋骨而需要去医院治疗,那不是更麻烦了吗?"

确实如此。如果像她那样当场赶紧站起来的话,那么过后再表明自己摔得很疼,就会被认为是诈病或敲竹杠了。

K女士说,如果真的受了伤,在索赔时也会对自己极为不利。

但是,日本人在这种时候却非常害羞,特别在意周围的目光,不敢主张自我。

或许有人会说:"那不是挺好吗?这种羞耻心属于日本文化,日本人都是在这种文化中成长的嘛!"

但是,这种理由只能在狭小的日本成立,而在国际上却并不广泛通用。

在全世界,在互不相识的人当中,最重要的就是表达自我主张,宣示个人的立场观点。而羞于表现自我,却要求别人认同自己,这是日本人独特的逗娇求宠心理。

写到这里,我又想起对印度洋大海啸灾后重建的支援。

包括澳大利亚、德国、日本、美国等很多国家都筹措了援助资金,甚至呈现出援助竞赛的有趣态势。

美国的援助资金为3亿5千万美元,居第5位。而且,在前不久运到灾区的援助物资箱体上,赫然写着"US AID"的大字。

那么大的字毫无疑问会被当地人看在眼里。

他们会由此深受感动:"瞧!美国人向我们提供援助了!"

于是我想,来自日本的物资是不是也可以标注"JAPAN AID"的大字呢?可是,日本人性格内向且爱害羞,所以恐怕还是很难做到这一点吧?

不必为"政冷经热"慌乱

"政冷经热"这个词很多人都知道,它指的是当前日本与中国的关系。

也就是说,虽然政治关系由于存在诸多问题而逐渐趋冷,但经济关系则由于紧密而逐渐趋热。于是,这个说法应运而生。

将这种关系放在普通家庭之间来打个比方,或许就与那种虽然家长关系不和却因孩子相互友好而不能绝交的邻居十分近似。

可以说,这是一种"家长冷孩子热"的状态。对于这种状态,几乎所有的日本人都会说——家长们也应该尽快相向而行,友好相处。

但是,感情复杂的家长们却很难像孩子那样轻易地冰释前嫌。

那该怎样做呢?答案很简单——就在政见不同的状态中以孩子为中心继续相处下去。

或许有人会怒斥——这太不负责任了!

不过,这也没什么关系。家长们完全可以在某些问题上保持不同观点,并在阐明那些观点的基础上让孩子们友好相处。

总而言之,只要人与人相聚,出现不同意见在所难免,友情就是建立在求同存异的基础之上。

这就是中国与狭迫的日本社会完全不同的地方。

总而言之,忠耿而不屑争论的日本人做任何事情都讲求"和为贵"。在多人聚集时就觉得必须保持全体一致,所以总是压抑自我勉强从众。

但俗话说"千人千面",而国家不同就更不可能做到完全一致了。

如果日中双方在政治上也能意见相合当然最好,但既然存在互不相让、难以吻合的观点,那就不必过于勉强,也不必对分歧过于敏感。

"我与你虽然在这一点上意见不同,但咱们仍然可以友好相处嘛!"

我们大可不必为家长之间的矛盾而焦虑不安。希望双方多多沟通,持久地友好相处下去。

何为"纯爱"

目前,我正在为《日经新闻报》撰写报载小说《爱的流放地》。

幸运的是,有很多读者正在阅读这部小说,在网络上称作"爱流放",并提出了各种各样的意见。

另外,在周刊杂志和晚报等媒体上还有文章说,这是针对此前持续的"纯爱文学热潮"的反命题。

不过,我只是写了自己想写的东西而已。

我既无意反对纯爱文学热潮,也不会对其持否定态度。

但请允许我表明一点:"纯爱"并非只是年轻人的专利。

词典对"纯爱"做出了简明扼要的解释。

《广辞苑》中只写着"纯粹的爱、不顾一切的爱"这一行,极为淡漠。而其他词典的解释也大体相似。

但是,如果照词典的解释,"纯爱"就是"纯粹的、不顾一切的爱情"的话,那就不应该只限于年轻男女。在中老年人之间、亲子之间以及宠物狗和猫之间,似乎都该有"纯爱"。

可为什么只说年轻人之间是"纯爱"呢?

这里还有个问题,就是将"无性关系"作为"纯爱"的条件。

这就是说,年轻恋人之间没有肉体关系就是正经的"纯爱"。

其次被称为"纯爱"的,就是中老年之间没有肉体关系的爱情。例如在以前的作品《时雨之记》中描写的中老年男女的爱,偶尔还有狱中结婚什么的。总而言之,就是将柏拉图式的爱情当作"纯爱"。

这就是日本这个国家特有的主观武断,如果男女之间有了肉体关系,年轻人就被指责为不纯的异性交往,而年长者就被指责为出轨或婚外情。

一旦有了肉体关系,"纯爱"就会在瞬间变成不纯的男女关系。

所以,"冬恋"中的裴勇浚与崔智友就坚决不发生肉体关系。即使是在被认为水到渠成的阶段,剧本中也没有那样的设定。

理由很简单——如果发生关系就不是"纯爱"了。与此同时,女性粉丝也会马上离去。

那么,肉体关系为什么如此遭到忌讳呢?

这个原因也极为简单——日本自古以来就把爱和性当作可耻和必须掩盖的行为而进行压制。

在大庭广众面前亲吻、拥抱等都被看作违背社会文明的行为而遭到禁止。

这种倾向不仅是在日本,在中国、韩国等受儒家思想影响的国家也都大体相似。

这与在几世纪前爱与性就得到公认并获得市民权的欧洲各国大不相同。

当然,近年来性关系和性本能在日本也逐渐得到了认同。但尽管如此,这种观念要想深入影响那些老脑筋尚需时日。

不过,即使表面做出端庄稳重的样子,但作为人类所固有的性欲望却几乎毫无改变。或不如说,有几分压抑就会有几分膨胀,压抑总得以隐蔽的形式进行宣泄。东南亚"买春"之旅就是这类典型事例。

总而言之,人类的欲望没有太大的差异,问题只是表现形式不同而已。但尽管如此,日本人依旧仅仅拘泥于表面上的纯洁正经,将肉体关系武断为不纯洁。

如果按词典的解释,将"纯爱"定义为"不顾一切的爱",那么有性关系的男女当然也可以是"纯爱"。岂止如此,这样的爱情也许纯度更高。

即使是婚外情,反倒因此而提高了紧张度,不顾一切的感觉也相应地有所增强。

然而,即便搞错也不能将其称为"纯爱"。

这显然是一种歧视。因为如果无论怎样相亲相爱,可一旦有了肉体关系就被视为不纯的话,那么中老年人之间就不会有纯爱了。

例如,假设现在有位人妻不顾一切地爱着某位男子,并抛弃自己的丈夫和孩子跑到那位男子的身边去了。那么,她将受到严厉的指责——不检点、太任性、毫无责任心。如果将"纯爱"按照定义进行深化和纯化,就该从世间抹杀掉了。

这样的话,中老年男女就不可能走向"纯爱"。

如此这般,他们心中便产生了自我控制的念头:不能激情燃烧,只要适可而止的爱。于是,最终变成了一种斤斤计较的爱。

与其相比,年轻人自由奔放毫无羁绊,所以不管是"冬恋"也好,"在世界中心呼唤爱"也好,只要没有肉体关系,无论怎样拖拖拉拉地写些毫无真实感的事情,都会以"纯爱"的名义受到欢迎。

说到这里,结论即已明确。

所谓"纯爱",指的就是仅为极少数年轻人接受的、与肉体无关的爱。而已有肉体关系的中老年人的爱全都不算。

总而言之,尤其是在"纯爱"方面,日本就是对年轻人宽容、对中老年人严苛的国度。这显然是对成年人的歧视。

不,中老年也正是"纯爱"的最盛期。听到这话或许有人非常惊讶,我说的是那些处于倦怠期的夫妻。他们虽然不发生性关系,但双方依然心心相印,因此毫无疑问,都是"纯爱"。

婚外情就是"纯爱"

我在上回文中写了何为"纯爱",后来越想越觉得这个词不可思议或者说不明白了。

不,倒也能明白,只是越深入思考就越感到这简直是奇谈怪论。

先从我了解到的某位大叔的故事讲起吧。

假设此人叫K大叔,他现年75岁,是个据说拥有数十亿资产的富翁。他外表看上去略显肥胖,但衣冠齐整,倒也不赖。

这位K大叔的夫人在七八年前去世,其后一直独身至今。前些天偶有机会见面,聊天时随意地提到了再婚的话题。

当然,他目前独自住在东京都心的豪华公寓,有家政员帮着打理家务,日常生活方面没有任何不便,过得十分富足安逸。

但是,因为他身边没个伴儿,所以还是不免冷清,而且晚年生活也令人担忧。

他说:"我一个人连饭也不想吃呀!"所以,最好的选择就是给自己找个老伴。

实际上,有不少人都曾建议他再婚。听说还搞过类似相亲的活动,跟某位女性一起用餐、一起去喝酒。

据说,其中也有相当漂亮和年轻的女性,但是都没发展到结婚那一步。

其原因多种多样,据本人所讲,最大的问题就是"看样子她们感兴趣的不是我,而是我的财产"。

我倒是觉得,接近K大叔的未必都是那种卑劣女性,其中也会有真心为他好、情愿与他同走人生旅途的女性吧?

可是,连这些女性也被他怀疑为动机不纯。

当然,这与他意识到自己有巨额财产的背景密切相关。而且,或许他的子女们也曾表示反对——时至今日,已无必要再婚。

总而言之,他现在不能坦直地接受对方的好意。当然,对方也无法做到完全无视他的巨额财产吧?

如此这般,他现在依旧持续着单身生活。

这位K大叔无法摆脱悲剧的原因十分明确。

问题就在于他拥有巨额财产。如果没有的话,他可能已经跟某位女性再婚了。但因为有,所以不能。

总而言之,正是巨额财产妨碍了他。

此时,我想起了自己年轻时的事情。在我还不到30岁的单身时期,坦白地说,我曾与几位女子交往。当时,我忽然产生了一种想法:这位女子说不定是为了跟我结婚才对我这样温柔体贴、多加照顾的吧?也就是说,她是想跟我结婚才会如此尽心尽力。

不过,这倒也不是什么异常情况。女性尽心照顾自己所喜欢并想与其结婚的男子是很正常的事。

实际上,男人们就是因此感动而与对方结婚的。

不过,冷静思考一下也可以这样想:她们那样做正是为了与对方结婚。正是因为有结婚这根胡萝卜,女人这群"马儿"才会尽力奔跑。与此相同,正因为想到能与这位女子结婚,男人这群"马儿"才会尽力对女子温柔体贴。

考虑到这些,就能理解K大叔的郁闷心情了。

令他感到不安的,是如果他没有巨额财产,这个女子也愿意跟他吗?

毋庸赘言,结婚就是某种意义上的条件斗争。

女性在决定是否与某位男性结婚之前,首先要观察对方的外表和性格,还要考虑对方收入多少、父母是什么样的人,以及能够保证今后过什么样的生活等等。

总而言之,虽说都是爱,但其背后总会有相当多的利益权衡。

在这方面,贫富悬殊的婚姻自不必说,普通人的婚姻也不会有太大的不同吧?

想到这里,我忽然希望得到一种无偿的、不计任何回报的爱了。

不必考虑怎样做将来就可以结婚,也不必考虑怎样尽心尽力将来就能攀龙附凤,而是只希望珍惜和维护眼前的爱情。

这才真正是纯粹的爱——"纯爱"。

于是,我向四处寻望哪里有这种爱。果然有,而且就在身边。

对,它就是"婚外情"。

这种爱确实没有光辉灿烂的未来,而且几乎都没有结婚的可能,也不会得到巨额财产。非但如此,如果将这种爱持续进行下去,一旦败露就会遭到家人的强烈谴责,还可能失去在公司里的地位。

这种爱确实堪称危险重重。明知如此却硬要铤而走险去见相爱的人,倾尽仅存的零钱为短暂的爱激情燃烧。

这不叫"纯爱"又叫什么？

我在这里重申——婚外情就是"纯爱"。

我说这种话又会招来社会上有良知读者的反感，但这确实是我深刻思考的结果，不吐不快。

既然不能住山里

说到东京与地方的差距,头脑中就会浮现出"经济发展之差""选票分量之差"等等。但我在此要说另一个问题。

我想说的,是东京与地方对于男女问题的意识之差。

去年秋天,在东京举办了一场"中老年会议"。我应邀参加并做了演讲,后来又与女性有识之士举行了研讨会。

研讨会的主题是"女性中年以后应该怎样生存",有位50多岁模样的女性提出了一个问题。

虽然提问的内容是"主妇怎样自立",但我更关注她的开场白部分。

"自结婚以来,我从未在丈夫阅读完报纸之前打开过报纸。每天早上必定先把报纸递给丈夫,等他看完之后我才能看。"

会场内的女士们立刻发出"啊"的惊呼声。

她们对现如今居然还有这种男权至上的旧式家庭感到惊讶。

当时,那位女士说话有几分哽咽,可想而知,她一直强忍着对这种歧视的不满。

所幸的是,她来到东京后明白了那种做法十分迂腐。然而,由于地域不同,这种陈规陋习仍有残余。

据说,那位女士来自日本海沿岸的某个县,我就想起那附近曾经发生过的事情。

或许有人已在报纸上看到过相关报道,在五六年前,某城镇的一位保育员还没结婚就当了母亲。

听到这个情况,小朋友的妈妈们议论纷纷:"还没结婚就有了孩子,这个女人太不检点了,我家孩子不能交给她管。"那位保育员因此被辞退了。

报纸评论道:现如今居然还会发生如此荒谬绝伦的怪事。而地方上的人们却几乎都认为那样处分理所当然。这一点给我印象十分强烈。

还有一点,那里虽然是东海地区的大城市,却好像也是观念相当陈旧落后的地方。

据那里的某位中年主妇讲,她在门厅里摆放鞋子时,首先要将丈夫的鞋摆在最左边,然后依次是长子、次子的鞋。而妻子和女孩的鞋则要与男人们的鞋成直角摆在不显眼的位置。

据说,可能因为她家是当地著名的世家,所以依旧保留着那种老规矩。

不仅如此,在地方上好像还保留着男尊女卑的风习。例如,在举行婚丧嫁娶及各种祭祀活动时,男人们可以尽管吃喝作乐,而女人们则要在厨房里炒菜做饭端酒倒茶,最后还要清洗餐具收拾房间。

在这种地方,搞婚外情的人自不必说,就连"败犬"和离开婆家的人也都难以容身。

因此,现如今,地方出身的才俊意外地不受女性青睐。

我认识一位从东大毕业并就职于一流公司的青年,他现在还没有要结婚的意思。

关于他迟迟不结婚的原因,据他的女性朋友说,以前曾问过他"理想的女性什么样",他回答说是"性情温和、尽心照料公婆的人"。

周围的女士们立刻惊讶地说:"哎,那种女人怎么可能在这东京沙漠里生存?""你得回到白垩纪或侏罗纪才能找到哦!"

这就是说,"地方出身的才俊,很多都拥有非同寻常的家世,因此必须仔细斟酌"。

那位青年也来自日本海沿岸的古老城市,因此,未必不可以说他是中心都市与地方城市男女意识之差的受害者。

如此这般,现如今大东京与地方之间已出现了巨大的意识之差。

在东京,年长的媳妇自不必说,就连以家务为主业的"主夫"、未婚妈妈以及男同之类也不算什么新鲜事。或许不如说,他们都活得理直气壮。

不过,这些人不可能住到地方城镇去,就算住在那里,也只能变成人们猎奇的目标。

曾经有位地方知事向年轻人发出呼吁:"这里有美丽的大自然,有纯净的空气和价廉物美的住宅,请大家回到家乡来吧!"可实际上,几乎没有人回乡落户。

原因很简单:"比起美丽的大自然和纯净的空气,年轻人更需要不被别人说闲话的自由空气。"

但是,在地方城镇很难找到能够呼吸自由空气的住所。因为那里依旧残留着当地特有的、保守的风俗习惯,而且顽固不化的人也非常多。

虽说如此,难道这种差距还要继续放任不管吗?

虽说21世纪是东京这个过于超前发展的都会与落后地方融合的时代,可鸿沟却在不断加深。

再过不久,杂志上的新潮服装报道也可能要分成东京版与地方版了。

不过,如果问我"喜欢哪里",我会回答"还是东京"。

这也是因为我在东京居住了35年以上,已经感到自己变成在空气洁净的地方难以生存的人了。

总而言之,就像歌中唱到的那样:"俺们既然不能住山里……"东京与地方的意识之差,没有比现在更大的时候了吧?

要想治好感冒

我上个星期三感冒了。

具体地讲,就是在星期二就感到浑身不对劲儿,我想可能是感冒了。可是,到了第二天,不适感就完全消失了。

我很清楚感冒的原因。

我曾在前一天与几个人聚餐,其中一人已经感冒。不过,他的病情有所好转,体温正常,只是不时地咳嗽而已。

虽然他自己说"已经好多了",但其实这样的人最危险。

如果索性严重些的话,他倒不会上街闲逛了。可是,像他这种将愈未愈的状态来到外边,就会散布大量的感冒病毒。

正像俗话所说:"把感冒传染给别人,自己就好了。"

我当时曾想,自己说不定会被那个人传染,果然不出所料。但此时幡然醒悟,也只能当个事后诸葛亮了。

有了感冒症状,首先要做的事情就是保证合理的膳食和充足的睡眠。

这种能致人感冒的可恶病毒在低温干燥的环境下最为活跃,却害怕温湿的环境。

掌握住这一点,治疗感冒的要领就特别简单——在温度和湿度适宜的房间里充分睡眠。

这样做可以保证治好感冒。

治疗感冒没有根本性的特效药。

因为引起感冒的主要是病毒,而较为严重的流感也都相同。

若想从根本上抗御感冒病毒,就需要注射感冒疫苗。但是,对于普通的感冒,不可能随时研制相应的疫苗,而只能研制针对流行性较强感冒的疫苗。不过,由于感冒病毒每年都会发生变异,所以只能在新型感冒开始流行后才能研制。

像这样当疫苗不能及时发挥作用时,就必须在出现各种感冒症状后及时进行相应的治疗。

例如,在发烧时使用退烧药,在咳嗽时使用止咳药,在流鼻涕、打喷嚏时使用缓解症状的药。因为这是针对各种症状进行的治疗,所以被称为"对症疗法"。

而说到我的感冒,虽然尚未发烧,但咽喉疼痛并伴有咳嗽、咯痰和嗓音嘶哑等症状。

于是,我先去药店买来止咳祛痰的药服用。然后,针对咽喉疼痛再服用一些平时储备的抗生素类药物。

另外,我再喝些加入蜂蜜的热水,下一步就是好好睡觉了。

顺带说明一下,我患感冒时不去医院。因为去医院的路上会吹风着凉,还会消耗体力。而且在候诊室里排队等待时,也只会被传染更强烈的感冒病毒。

总而言之,我是"买药治感冒主义者"。

听到我说喜欢买药治病,很多人都纳闷地说:"你以前可是当过医生呀!"

不过,我之所以钟情于买药治病,是因为药店销售的药品都是制药公司投入相应的科技和财力研发制造出来的。若说是押上了公司的命运未免夸张,但因为在研制中投入了相当的人力和财力,所以效果应该不会太差。

而与此相比,医院里的药品都是由一名医师根据患者的症状开处方。能够面对面地向患者问诊或许算得有利条件,但近来,药店销售的药品也都是根据各种临床症状研制的。

而且,如果公司制售的药品效果不佳,公司业绩就会迅速下滑。但是，医院医师的处方即使药效不佳，医院却不会顷刻倒闭。

还有人说，在医院可以进行注射治疗，药效发挥得更快。但是，口服药顶多过二三十分钟即可起效。

只要不是突发心脏病这类需要分秒必争的急症，服药治疗足矣。

虽说如此，"就医派"依然居多。

我问"为什么"，对方回答"因为自己服药无效，最终去医院才治好的"。

这里就是问题所在。一般来说，感冒初期，由于病毒军团具有压倒性的强大威力，体内尚未形成相应的免疫功能，守备军团还很薄弱。因此，感冒初期那几天服用任何药物都不会立即见效。

但是，在经过四五天之后，体内的抵抗势力得到发展，守备军团逐渐强大，药效就越来越明显了。

总而言之，感冒初期服药效果不太明显，这是治疗过程中令医师犯难的阶段。

可是，患者通常都会在很难见效的感冒初期买药服用，而在体内守备军团势力开始强大时去医院看病，所以会觉得去医院治疗的效果更好。

其实，在我当医师时期，曾有前辈半开玩笑地告诉我"感冒时不要急于去医院"。我这样说也许会引起医生的反感，但确实不必因为感冒就慌忙赶去医院。

倒不如好好睡觉。充分的睡眠能够增强体力和免疫力，促进康复。

从前有句话叫"傻瓜不感冒"，其真实原因就来自"傻瓜爱睡觉"。

这次我也像傻瓜一样好好睡了觉，所以感冒三天就好了。

为傻瓜干杯！

医生与军队

我在上回文章中谈了"治疗感冒的方法",之后我想起了"神风"。

读者看到这里会感到奇怪——这是要说什么事?不过,如果写成"神风邪"或许就能明白了吧?

在我当医师时期,偶尔听开诊所的同行嘟囔道:"今年多亏了'神风',真是帮大忙了。"

从医的同行之间明白此话含义——冬季感冒流行,医生在患者猛增的医院里忙得不可开交。

从医生的立场来讲,这堪称"神风"。

当然,他们在公开场合绝不这样说,也绝不能这样说。

所以,这终归是医生们之间的玩笑话。

不过,这也确实是真心话。

因为感冒大流行会给医生和医院带来更多收入。

不,不仅仅是感冒,当各种疾病出现、病人增多时,医院确实会赚得盆满钵盈。

由此看来,医师是个相当奇妙的职业。

明确地讲,普通人对病苦最为厌恶、唯恐避之不及,而医生反倒以此获得生活食粮。

当然,说到病苦几乎都是意外降临的不幸,正因为有了医师,患者才能得到救治,起死回生的实例数不胜数。从这个意义上讲,医生堪称患者的救命恩人。与此同时,医生也是依存于各种疾病和患者的职业。

而且,年轻的医师们需要接触更多病人、积累更多的临床经验,才能与病魔实战对决,以此磨炼提高自己的医术。

总而言之,只有经历无数次严酷实践,才能培养出优秀的医师。这一点确切无疑。

写到这里,我忽然想起了军队。

军队和军人也必须经历实战才能真正强大起来。

实际与敌军正面遭遇,实际与敌方发起炮战,不时地受到敌方弹炮的轰击,勇敢地发起冲锋,置敌方于死地。

多次经历枪林弹雨的战火考验,己方也有死伤并付出了相当的代价。经历过浴血奋战,军队和军人才能百炼成钢。

若非如此,军队即使拥有精良的装备,只凭军事训练却没有实战经验,作战时也会如同玩具老虎般不堪一击。

如此想来,重新审视世界各国的军队,美军算是实力较强的军队之一了。

据说,现如今美军陆海空兵员总计140万,而且拥有核武及各种兵器,军事实力之强大超出我的想象。

美军还有一个优势,就是经历过多次激烈的战争。

只说二战之后,我所知道的就有朝鲜战争、越南战争、海湾战争和最近的伊拉克战争。美军在世界各地打仗,造成很多人死伤。

在世界各国的军队中,恐怕没有像美军这样经历过多次大战的吧?

除了美军,以色列军队和英国军队经历战争次数也不少。

而日本的自卫队,由于原本就不被称为正规军队,所以规模小、兵力少,战力和士气肯定都差得很远。

我虽然无意予以否定,但可以预料,他们一旦遭遇敌军必定立刻溃败逃窜。

军队要想强大,除了军备精良之外,更重要的还是士气和实战经验。

我甚至认为,美军就是为了不中断这种历练,才到处派兵进行实战。

我想,也许军队的存在价值就在于世界上不断发生纷争和对立这种对多数人来说纯属不幸的事态。

如果和平状态长期持续,军队就会无限衰弱,渐渐失去存在的必要。

与此相反,正因为纷争不断,才会需要军队。而军队必须通过与敌军战斗,才能变得更加强大。

与此相同,医师也需要以疾病为敌,通过与其斗争而变得更加坚韧和优秀。

那么,这两种职业的共通点不言自明——都是建立在人们的不幸之上。

从这个意义上讲,两者皆属奇妙的职业。不过,也许有人会说"这两种职业完全不同"。

医生是为了治病救人,而军人则只是杀死对手而已。

不过,军人也常常通过杀伤部分敌人给更多人带来幸福与和平。

如此看来,只为打仗的军队也具有其存在的意义。

我写到这里,又想到了周刊杂志。这或许也是建立在各色人等的不幸之上。

想得太多就感到头脑越来越混乱。但至少,我还是希望目前肆虐日本的"神风"早点儿收场。

春之雪

东京从昨夜开始下雪了。

"都已经到春天了,怎么会下雪?"

我虽然非常惊讶,但并不特别生气。

虽然确实看上去很冷,令我打消了外出的念头,但雪也不会下得太久。

积雪最多两三天也就融化消失了。

这种幻灭感或许就是我虽嫌春雪困扰,却情愿宽恕它的缘故。

这也许就是居住在东京等西太平洋沿岸少雪地带人们的情愫吧?

与此相反,对于冬季暴雪连天的北海道、东北地区和日本海沿岸的居民来说,雪却真的令人讨厌透顶。

春雪也是这样,各地域居民的感受不尽相同。

虽说如此,今年的雪也太多了。

半个月前我去了札幌,那里的道路两旁堆起的雪墙依然高过成年人的身高。

据当地人讲,今年降雪量远超往年。东北地区自不必说,连此前蒙受震灾的新潟县沿山地带也都一样。

像旧山古志村等地,我只能对他们深表同情。

看到目前的状态,我开始对地球温暖化的说法产生疑惑。

以前,因为降雪量年年减少,严寒也有所缓解,所以我坦率地深信地球真的变暖了。可是,当我看到今年冬天如此寒冷,而且持续多日下大雪,反倒觉得地球似乎正在不断地寒冷化。

都说地球由于大量废气和能源消耗而渐渐变暖,南北两极冰山的加速融化致使海平面升高。可是,这些因素并不会给地球带来太大的影响。

与此相反,我倒是觉得地球本身由于逐渐失去能量而趋向寒冷化——就像恐龙灭绝那个时期一样。

这种看法当然没有任何依据,但寒冷化却具有真实的感觉。

因为我曾在北海道长期居住,所以对严寒和暴雪早有切身感受。

当然,小时候的我倒也没觉得特别艰苦。

即使大雪下了一人多高,我也会自称跳降落伞,从二楼跳到积雪上。那种快感只有在雪国才能体会到,屋顶除雪与其说是痛苦,不如说是一种乐趣。

在除雪时最需注意的是窗户周围,一不小心就会打破窗玻璃。

而且,大雪还会教给你很多东西。朝积雪上小便,可以滋出黄色的孔洞。

如果很多人站成一排再加上小狗,就能滋出从黄色到橙色各种孔洞,并可以发现,那是由于人和狗的体温不同。

尽管如此,虽然札幌市内的大雪尽人皆知,但越往内陆走雪就越深。

在泷川附近的乡村,来客进门往往最先看到脚尖,并由此推断对方是谁。另外,在旭川市北部街道,滑雪上学的孩子们把滑雪板立在校园里,到放学时就被新雪覆盖,只能看到顶端了。这种现象并不罕见。

不过,当积雪过厚时,到了深夜就会听到壁龛立柱发出吱吱呀呀的扭曲声,令人毛骨悚然。这时就必须赶紧铲掉屋顶的积雪了。

但是,最令人恐惧的就是暴风雪。特别是北海道的雪暴,白毛风将地面的粉雪卷起弥漫在空中,能见度为零。

过去常见报道说,有人在离家只剩 50 米的地点被冻死,那就是因为在雪暴中什么都看不清,就在自家周围爬来爬去最终丧了命。

电影《北之零年》中就有吉永小百合带着孩子在雪暴中行进的场景。可是,在北海道生活过的人绝不会做出那种冒险举动。

影片中所描述的北海道开拓史,以及露出面孔顶着暴风雪前行的情节也都荒诞离奇,太令人扫兴了。

我最受大雪困扰的一件事,发生在刚刚当上医师的时候。

当时,因为拥有私家车的人很少,于是我得意忘形地跟一位女子开着雷诺牌的破车,去了薄野区,进了一家情人旅馆。

我们享受了二人世界的美好时光后准备回家,来到门外一看,车已经陷没在积雪中无法发动了。

那些年,天一冷就经常发生这种状况。

无可奈何的我只好把车放在原地,一边安慰抱怨"太冷了"的她,一边打车送她回家。可第二天更麻烦。

到了午休时间,我赶紧拿起铁锹来到旅馆前,只见车被持续不断的大雪埋得更深了。

我正在拼命铲雪,一位路过的女子望着我说:"哎呀,大夫!"

我猛地回头看去,原来是一位前些天住过院的患者!

虽说是在大白天,可我正在情人旅馆前铲雪挖车,真是百口莫辩。

那位女子好像就住在附近,她找来一位熟识的男子帮忙,好歹算是把车从雪中挖出来了。这让当医师的我颜面扫地。

虽说都是大雪,但东京的雪却不会令人困扰,所以显得尤为可爱。

阿尔及利亚不能去了

说实在话,我已预定下个星期去阿尔及利亚。

此行是去参加摄制 NHK 的 BS 频道将从今年春季开始播放的旅游节目。

这档一个小时的节目几乎都由我一人出演,因此感觉压力很大。但临行前突然取消,我现在略感轻松。

此行被取消的最大原因就是当地治安状况不稳定。

阿尔及利亚原先是法国殖民地,在距今 43 年前完成了独立,后来还成立了国民议会,属于民主人民共和国。但是,那里经常发生极端组织制造的恐怖事件,从 1991 年以后仍有多达 10 万的牺牲者。

在外务省发布的海外旅游信息中也提出警示说"暂缓前往",提醒人们特别是外国游客容易受到恐怖袭击。

具体来讲,就是尽量避免在夜晚外出,还要谨慎出入酒馆等场所。在离开首都阿尔及尔时要带警卫人员,并时刻保持高度警惕性。

虽然向我提出邀约的节目制作方态度很坚决,但当地的安防措施是否已经安排到位了呢?

我向关键部门 NHK 提出质询,可眼看下周就要出行了,对方却说"即将讨论这个问题"。NHK 松懈的特质可见一斑。

不管怎么讲,我与那些参演时下流行的、以克服恶劣生存条件为卖点的电视节目的艺人不同,所以心存遗憾地决定取消合作。

此次选中阿尔及利亚进行探访,是因为我想借此机会对加缪的《异邦人》做一番解读。

这部作品于 1942 年出版,是加缪的成名作。正是由于这部作品,"没条理"一词在战后文学青年中间广为流传。

在此之后开始写小说的我很喜欢《异邦人》,出道作品《死化妆》的短文体就是受这部作品的影响。

这部作品在日本文坛上也备受瞩目,还曾发生过一场所谓的"异邦人论争"。特别著名的焦点问题是——主人公莫尔索为什么打死了一名阿拉伯人?当法官追问时,莫尔索回答:"因为太阳太热!"

正是这种用普通条理不能说明的、对人的深层心理的剖析,唤起很多文学青年的共鸣。

我无意在此引述文学论,但很想去阿尔及尔面临地中海的炽热沙滩,在那里望着炫目的太阳来讲述这个故事。

而且,对于那些法国老电影的影迷来说,阿尔及尔也是勾起万般乡愁的土地。

首先是杜维威尔导演的《贝贝·勒·默果》(《望乡》)。主人公贝贝·勒·默果由让·迦本扮演,是风靡一时的名作。除此之外,在《大赌局》中也有阿尔及利亚的场景。

另外,中老年人可能都听过《城堡中的女人》这首歌。其中有一句词就是"这里是天涯海角阿尔及利亚"。

这首歌整体有种慵懒之感,弥漫着倦怠的氛围。当时,在文学青年中间流行的就是"倦怠"这个词。

年轻人对不断涌入的美国电影中那种单纯明快的欢乐大结局早已厌烦,转而醉心于充满倦怠感的法国电影。

顺带说一句,虽然有好几个女歌手演唱过《城堡中的女人》,但还是藤圭子唱的远比其他歌手好得多。

我漫无边际地写了这么多阿尔及利亚的事情,仔细思考即可发现,这片土地对法国来说占有极为重要的位置。

这样说,除了因为阿尔及利亚曾经是法国殖民地之外,还因为这里是法国人放松心情的佳境,或者说是法国人逃亡的去处。

这在电影《贝贝·勒·默果》中也有所反映:主人公在法国国内犯有30宗强盗罪,还有2宗抢银行案,是巴黎警署追逃的通缉犯。

可是,当他来到阿尔及尔的城堡后,却像暗黑街的王者般受到尊敬,为众人所爱戴。

另外,在《大赌局》中,皮埃尔为向女友提供生活费而盗取钱财。后来,他在阿尔及利亚某海港等候女友,对方却没有出现。此时他已经没有回国的路费,于是投身于外国军队。

如此这般,阿尔及利亚成了那些难以在法国容身的人和罪犯的潜逃之地,也是他们的重生之地。

阿尔及利亚或许对此不堪其扰,但对于法国人来说,从能够实现绝处逢生梦想的意义上讲,那里也是最后的希望之地。

然而,现如今的日本根本没有那种放松心情的地方。那么,怎样才能打破这种闭塞的状态呢?

我先前已有打算,如果能去阿尔及利亚,也要思考这方面的问题,但遗憾的是我不能去了。

由"卫洗丽"想到的

舍下已相当陈旧,可最近也装上了卫洗丽。

当然,楼下的厕所里以前就有。但是,我的书房和书库在二楼,那间厕所里还是旧便器。所以,虽然延迟多日,最终还是换上了卫洗丽。

不过,各位读者知道"卫洗丽"这个词的意思吗?

说实在话,以前我用时也不知道,就是在这次安装时才仔细想了想。

首先,我把"卫"和"洗丽"分开来看:"卫"就是卫生间的便器,"洗丽"当然就是用水洗干净了。

所以,这个词的意思就是"可以用水洗净的便器"。

这就是通常的判断,而且我还征询过几个人,他们也是这样说的。

然而,这却是错误的。

本来英语中并没有"Washlet"(卫洗丽)这个词,因此可知它是日本人所喜欢的"和制英语"。其实,这个词的准确日译是"温水洗净便座"。

准确地翻译和制英语——这个说法本身就很奇怪,但好像暂时只能这样了。

另外,还有一点也挺奇怪,据说这个词的词源是"Let's wash",即"来,洗洗吧"。

也就是说,将"let's"和"wash"的语序颠倒,就变成了"washlet"。实际上这个名称是TOTO(东陶)的注册商标,但据说现如今它已是"温水洗净便座"的代名词了。

以前我对此一无所知。不过,要是去了美国,说起这个词想必无人能懂。

尽管如此,这个卫洗丽功能之多令人咋舌。

舍下所装这款卫洗丽只有"臀部冲洗"和"坐浴",而其他款式还有水温调节、喷头移动清洗、座圈加温、着座感应、自动除臭、抗菌、自动节电、盖板缓降、一键拆卸、自洁等各种功能。看到这些我甚至想喊:"这种事情要自己做!"

然后,我坐在终于装好的"卫洗丽"上深深思考。不,这事我以前就曾想过,首先就是温水冲洗臀部。

这种感觉虽然不坏,但我首先想到的是喷淋出来的水。

那些由氢氧结合而成、难得来到这个世界上的水,仅仅用来冲洗我的屁股,是不是太倒霉、太过分了呢?

难道这些水不能用来培育花草树木、充盈美丽的湖水乃至用于发电和工业吗?不去做那些有意义的事情,却只用来给人洗屁股,实在太悲哀了。

当然,水的运行至此尚未结束,此后还要被排入河沟并流向大海——也许这样考虑较为妥当。

总而言之,当我想到毫无怨言地努力为我冲洗屁股的水时,就会感到非常过意不去。难道这只是我一个人的感受吗?

如果水也有心的话,肯定不会情愿充当卫洗丽的用水。

另外还有一点,坦率地讲,在接触卫洗丽喷淋温水的瞬间,我感到非常酥痒且舒爽,甚至想一直就这样坐着。

虽说如此,我以前从未有过这种温水喷淋屁股的体验,而且也不想体验。

说到屁股,顶多也就是塞入栓剂、痔疮检查以及钡剂灌肠检查。所幸的是,我都不曾体验过,所以也不太了解。不过,体验过的人恐怕都不会说感觉舒爽吧?

然而,卫洗丽却另当别论。

因为它能用适温清水冲洗屁股周围,所以感觉当然舒服。而且不仅仅是这些。

这种舒爽不同于以前常有的任何快感,似乎具有某种魅惑性,撩拨着此前沉睡的某种感觉。

这究竟是什么呢?

此时,我所想到的是那些同性恋者。

他们是不是早已滋萌了这种感觉,而且浸淫其中十分享受?

我本应直接去问那些同性恋者,俗话说,"离得开女人离不开男人"。可以想象,如果浸淫在卫洗丽的快感之中,或许就会发展到那一步。总而言之,因为男人的那里有出而无入,所以想必有种异样的感觉。

当然,我毫无同性恋的兴趣,因而丝毫不知其妙趣所在。不过,我还是不禁想象到卫洗丽的舒爽可能就是唯一与其相近的感觉。

不过,坐在卫洗丽上想这种事,也令我自己大跌眼镜。

口罩美女

眼下正是花粉症高发期。

处处可见鼻塞的人、打喷嚏的人和戴口罩的人。

原以为日本到处都有花粉症,其实不然,深受困扰的只有像东京和大阪这样的大都市。

也就是说,只有居住在大都市里的人才是花粉症受难者。

那么,为什么只有大都市的居民受花粉症困扰呢?

简而言之,就是因为大都市的地面几乎都被水泥等硬化,失去了清洗和吸收花粉的水和土。

由于这个缘故,从山野飘来的杉树花粉没有去处,只能在空中飘散。

尚未适应杉树花粉的城里人在此时大量吸入,便立刻患上花粉症。

说实在话,今年我也深受花粉症的困扰。

直到去年,我还总是提前去注射抗花粉症药物,所以情况稳定。可今年错过了注射药物的最佳时机,效果不甚明显。

因此,我只能忍耐到花粉减少的4月底,症状才会彻底消失。

虽说如此,"花粉症"这个名称是不是过于美好了呢?

说到花粉,一般都会想到那些红、黄、白等绚丽花朵的花粉,可这些却是杉树喷出的茶褐色肮脏粉末。看到它就觉得还不如干脆变成毒粉。

由于花粉症爆发,最近常见戴口罩的人。

当然,戴上口罩出门就可以尽可能避免吸入飘散在街道上的花粉,确实有一定效果。

此外,戴上口罩后呼出的湿气,也可以起到滋润鼻黏膜的作用。

不过,戴眼镜的人可能由于湿气而眼镜起雾,可仍有人满不在乎地开车上路。

这些暂且不论,最近特别引人注目的却是戴口罩的女性。

前几天,我在银座和涩谷先后碰到三个戴口罩的美女。

虽说如此,因为她们都戴着口罩,所以看不到整个面孔。但是,口罩上方露出的双眸非常美丽,令我看得着迷。

不过,摘掉口罩之后还是不是美女却不得而知。口罩遮掩着的也许是塌鼻梁,也许是龅牙或排列不整的乱牙。

不过,反正戴口罩的面孔都很美。而且,可能也是由于花粉症,水汪汪的双眸略显倦怠感。

再加上口罩中央部分略微隆起,虽然看不到至关重要的鼻子,却引人想象到线条清爽的鼻梁。

与这些美女戴的口罩相比,那种扁平的四角形口罩毫无立体感,有点儿煞风景。

不管怎么说,出色的女人戴上口罩更具引人无限遐想的魅力,堪称仪态万千。

我想起这些事是因为以前就有"口罩美女"的说法。

在我成长的札幌市,每年一到冬季,戴口罩的女性就急剧增加。

当然,她们戴口罩大都是因为感冒或已有感冒征兆,以及避免受别人传染或传染给别人。但是,她们戴口罩的样子相当美丽动人。

特别是女高中生们,身穿蓝色大衣戴着口罩在雪中行走,总让人禁不住回头多看几眼。

那些大眼睛、长睫毛的少女戴上口罩就萌出一种摄人心魄之美,看得久了感觉像要被那双灵眸深深吸入。而且,在听到她们轻咳时,甚至想伸手抚慰一下。

当然,她们之中有人已经看出男生这种心思,所以戴的是中间微突的口罩。那或许就是现如今流行的六角形口罩。

不管是哪一种,遮挡面部只露双眼与阿拉伯女子罩黑纱相同,正因不见全貌才更显神秘之美。

总而言之,"含蓄为美"。

比起全面展露,藏而不露更有价值。

特别是对于那些眼睛漂亮而鼻梁稍低、嘴型稍差的人来说,口罩是绝佳的美容用品。仅仅用它即可毫无疑问地变成口罩美女。

相反,万万不可行的是戴上口罩却不摘眼镜。这样很难充分展现眼睛的美感,是唯一效果相反的做法。

如此说来,我想起自己在高中与同学J子恋爱时,她也是个口罩美女。她皮肤白皙、大大的眼睛、长长的睫毛,在雪天中就会结霜变白。

我看得久了就感到会被吸入其中,禁不住想去吻她,怎奈有口罩阻隔,难以如愿。

我只有在此时特别痛恨口罩。不过,自信"舍我其谁"的女子都戴着口罩上街走走怎么样?

这样既能抵御花粉症,又能成为口罩美女,堪称一举两得。再加上能够有效阻隔亲吻,可以说是一举三得。

再婚万岁

英国的查尔斯王子与卡米拉夫人的婚礼于2005年4月9日在伦敦温莎市政厅举行。

至此,卡米拉夫人终于走出阴影,得到了王子夫人的资格。

虽说如此,这对夫妻的人气却不太高。

这场走向新生活的出发仪式,虽已向全世界报道,但在日本也似乎很少有人表示衷心的祝福。

毋庸赘言,原因当然是这二位的年龄合起来已超过110岁,而且他们都是再婚。另外,最大的问题,是查尔斯王子此前已有卡米拉却仍然与戴安娜结婚,查尔斯王子的声望因此一落千丈。

由于这个缘故,即使现如今再将卡米拉夫人与戴安娜前王妃相比,依然是后者的评价更高。

无论是从其美貌,还是年轻,甚或生前的国际性活动,在所有方面都是戴安娜前王妃占据优势。而卡米拉的存在感却微乎其微，如果将两个人放在一起比较，绝对是戴安娜前王妃获得压倒性胜利。

有位女性指责说，时至今日还要跟卡米拉结婚，王子太没眼光了。甚至说，那种没有个性、令戴安娜厌恶的马脸男毫无魅力。

好不容易步入婚姻殿堂却招致差评，实在够倒霉的。

不过，我对这二位的看法却只有一个词——太棒了！

我倒不是因为坊间评价过差而刻意抬高和整蛊说反话，而是实实在在地从心底表示赞赏。

我的第一条理由，就是查尔斯王子30多年来一直坚持对卡米拉夫人的挚爱。

回头来看，王子与卡米拉的相遇可以追溯到1970年。两人当时就一见钟情并亲密交往，但在第二年王子入伍英国海军之后，两人就有所疏远了。

其后，卡米拉在1973年与陆军军官安德鲁结婚，生过两个孩子之后于1995年离婚。

另一方面，在1981年，32岁的查尔斯王子与20岁的戴安娜结婚，也是生了两个孩子，并在1996年离婚。第二年的8月，36岁的戴妃在巴黎因车祸突然离世。

关于那起事故的原因有各种说法,而戴妃生前说过的话中有一句令我印象深刻:"就像是三个人结婚。"

据我推测,在这段时间里,王子仍然保持着与卡米拉夫人的交往。

如此这般,虽然王子、卡米拉夫人以及戴妃之间似乎存在各种问题,但一贯明确的是王子持续地爱着卡米拉夫人,或者说一直需要卡米拉夫人更为准确。

既然如此,查尔斯王子当初为什么不跟卡米拉夫人结婚呢?据我推测,他当时作为英国王子,很难与有夫之妇结婚,而且那位可怕的伊丽莎白女王根本不可能准许。于是,这位懦弱的王子尝试与戴妃结为夫妻。但婚后生活并不美满,于是查尔斯王子回到卡米拉夫人身边。

像我这样感情不专一的人,只有深深敬佩他们堪称执拗的感情纽带。

那么,这种异常坚固的感情纽带是怎样形成的呢?首先可以考虑到的就是性爱。

在一对挚爱相伴长达30余年的男女之间,潜藏着深沉浓烈的性爱。

我这样写可能会有人说,难道戴妃在这方面不比卡米拉夫人强得多吗?

戴妃确实既年轻又美丽,身材也超凡出众,完全无可挑剔。但是,说到性感魅力可就另当别论了。

正如美女往往不善性爱、漂亮女人不具性感,恕我失礼,戴妃似乎缺少对性爱的专注力和内在的放浪。

总而言之,虽然外表看去开朗大方,相当端庄标致,但在实际性爱时,恐怕缺少情趣,相当乏味。

从这一点来讲,卡米拉夫人虽然表面朴素而内敛,但在床笫之间却会是浓情蜜意甘于献身,所以才能很快将纯真的王子俘虏。

由性爱带来的缘分,能够超越双方的外表、立场和理性而产生深远的影响,这是人类既感觉美妙又细思极恐的特性。

当然,除此之外,还有卡米拉夫人的母性慈柔、包容力、乳母般的安心感,这些对王子来说无疑都很重要。

而这些东西伊丽莎白女王和戴妃都无法给予,正因如此,孤独的王子才会更加依恋卡米拉夫人。

男人并非单纯追求只是外表年轻漂亮的女人。比起外表,男人最需要的是更加纵情放浪和具有母性的女人。

查尔斯王子与卡米拉夫人,二人的幸福表情传达出了超越这种逻辑的人间真实。

不需要婴语翻译机

科学的进步虽然给人类带来了各种便利,但有时未免做得过头,将人类变得越来越懒惰和愚蠢。

其中最极端的,或许就是时下成为热门话题的"婴语翻译机"。

据说,创意研发这种机器的是长崎大学研究生院的某位教授。

据说,此前他已在研发性外激素和慰疗女性的香水等方面取得了成果。于是,这次他又着手开发读取婴儿情绪的技术。

具体来讲,就是分析婴儿的面部表情和啼哭声等信息,了解到音频较低时表示想向谁撒娇,而相反频率较高时则表示肚子饿了。还有,高兴时鼻子温度会升高等等。总而言之,就是研制根据婴儿的面部表情和温度变化以及哭声的高低频率来读取婴儿情绪的仪器。

这则报道也曾登载在《周刊新潮》上,而据那位教授所说:"基础性技术研发已经完成,可以通过电脑解析表情视频和哭声音频,实时读取婴儿生气、害怕、悲伤、高兴、惊讶等情绪。"

据说,目前已达到80%的准确率,再用一两个月提高到95%就接近商品化了。

那位教授还表示:"这款仪器会尽量小型化,价格也要控制在1万日元以下。使用时将摄像头对准婴儿之后,即可随时以语音报告'妈妈,我生气了''妈妈,我很难过哦'。这样可以让母亲以做游戏的感觉快乐育儿。"

虽说如此,世上居然有如此怪异的教授!据说,那位教授的专业是神经生理学,但在此之前,他有没有考虑过母亲与婴儿的关系呢?

一般来说,母亲产后总是陪伴在婴儿身边,时而喂奶,时而换尿垫。一同休息时,母亲就会凝神仔细观察婴儿。

当然,婴儿还不会说话,母亲要通过观察哭闹等各种反应判断孩子的心理。

做母亲的不可能看不出孩子"妈妈,我生气了""我难过"等如此简单的反应。也就是说,只要是疼爱孩子的母亲,根本不必依靠某种仪器也能充分体察孩子的情绪。

当然,也会极少地发生孩子长时间啼哭,却不知为什么的情况。不过,即使发生了这种情况,只要有一个舒适而易于入睡的环境,孩子不久就会安定下来。

如果这样婴儿仍然啼哭不止的话,那就是身体出了状况。此时恐怕连婴语翻译机也不可能准确翻译,所以最好还是尽早去医院检查。

关于致力于这项技术开发的初衷,那位教授表示:"近年来,由于少子化和小家庭化,虐待幼儿和放弃育儿的母亲持续增加,在普通女性中也有很多人并不接触婴儿。于是,我就想到研发这种仪器来帮助她们。"

遗憾的是,仅从这种说法来看,就完全明白那位教授犯下了初级错误。

虐待幼儿和放弃育儿根本不是因为无法了解孩子的心理,而是因为有的母亲从最初就不想理解孩子。

对于这样的母亲,与其研发婴儿情绪翻译机,倒不如制造母亲情绪翻译机,让周围人们都了解母亲的心情。这样对保护幼儿安全更为有效。

随着科学的进步,人类变得越来越懒惰,而且不愿动脑筋,常常封闭在个人世界当中。

而且,有些人总是忌避与人交往这种基本的生存条件,同时失去了为对方着想和体贴对方的精神。

正是这种倾向影响了现如今的母子关系。

可是,婴儿离开母亲不可能独自长大。这是一条单行线,如果母亲不予以理解和保护,孩子恐怕活不下去。

有的母亲连如此简单的道理都不明白,甚至嫌孩子麻烦,一不顺心就以不知孩子想什么而推开不管。

所谓"婴语翻译机"未必能给这种任性母亲提供帮助,倒是难免被她们用来为自己辩解。

总而言之,比翻译机更重要的是心怀慈母之爱善待自己孩子的态度。

然而,那位教授说,用这种仪器还能在早期发现儿童的自闭症。可实际上,如此简单的问题没有仪器也能发现。而比这更重要的问题是怎样医治那样的孩子。

总而言之,如果是企图用这种仪器赚钱的话另当别论,反正完全没有必要耗费大学的科研经费制造那种东西。

这则报道的专栏标题中写着"科研新成果'婴语翻译机'",但我看不如改成"科研新成果'傻瓜妈妈专用机'"更为准确。

后 记

　　本书收集了从2004年5月27日刊到2005年5月5日·12日刊连载于《周刊新潮》的随笔文章(原名为《秘而不宣的心声》,从2004年12月30日·1月6日刊开始改为《事后诸葛亮》)。编辑本书时对原文进行了删补和修改。

图书在版编目（CIP）数据

寻找纯爱 /（日）渡边淳一著；侯为译 . -- 青岛：青岛出版社，2019.9
（最后的狂欢系列）
ISBN 978-7-5552-8395-9

Ⅰ.①寻… Ⅱ.①渡… ②侯… Ⅲ.①随笔 – 作品集 – 日本 – 现代 Ⅳ.① I313.65

中国版本图书馆 CIP 数据核字（2019）第 133227 号

あとの祭り　指の値段 by 渡辺淳一
Copyrights：©2005 by 渡辺淳一
This edition arranged through OH INTERNATIONAL CO. LTD.
Simplified Chinese edition copyrights：©2019 by Qingdao Publishing House Co., Ltd.
All rights reserved .
简体中文版通过渡边淳一继承人经由 OH INTERNATIONAL 株式会社授权出版
山东省版权局著作权合同登记号 图字：15-2017-237 号

书　　　名	最后的狂欢系列：寻找纯爱
著　　　者	（日）渡边淳一
译　　　者	侯　为
出版发行	青岛出版社
社　　　址	青岛市海尔路 182 号（266061）
本社网址	http://www.qdpub.com
邮购电话	13335059110　（0532）68068026
策　　　划	高继民　刘　咏
责任编辑	刘　迅
封面设计	末末美书
照　　　排	青岛双星华信印刷有限公司
印　　　刷	青岛双星华信印刷有限公司
出版日期	2019 年 9 月第 1 版　2019 年 9 月第 1 次印刷
开　　　本	大 32 开（880mm×1230mm）
印　　　张	7.125
字　　　数	113 千
印　　　数	1–5000
书　　　号	ISBN 978-7-5552-8395-9
定　　　价	35.00 元

编校印装质量、盗版监督服务电话　4006532017　0532-68068638
本书建议陈列类别：日本　畅销　随笔